天下文化

BELIEVE IN READING

人生就該這麼精采

謝孟雄的55則生命智慧

謝孟雄——口述
李宜蓁——採訪撰稿

目次

推薦序——

謝孟雄：我佩服的院長與校長

高希均

（一）「第五位」公子

一九五〇年代的台灣，百廢待舉。我在那時的省立台中農學院主修農業經濟，一九五八年畢業，幸運地獲有獎學金，一九五九年能去美國研究經濟發展。

五年後（一九六四），畢業後又幸運地受邀赴威斯康辛州立大學經濟系任教，講授「落後國家中的經濟發展」，這正是我最關心的課題。在美國教書與研究是分不開的，就不斷利用寒暑假時間分赴世界落後各地參訪。當有機會時，心中的首選當然就是台灣。

一九六九年接到當時經合會祕書長李國鼎先生的邀請，因他曾讀過我用中文剛出版的《經濟發展導論》，來討論台灣的人力資源運用問題。回到了離開十年的台灣，在各方面已有顯著的改進，令人興奮。

在「人才外流」(brain drain) 最流行也最嚴重的年代，台灣留學生返台就業是件「新聞」。當時台大熱門的理工科系的畢業生，絕少不出國的。但是隨著台灣經濟逐漸地起飛，到了一九七〇年代中後期已有明顯的改善。那時在留學生群中流行的一個名詞是「四公子」（一個略有羨慕但無惡意的名詞），它是指沈君山、錢復、連戰、陳履安，四位政府首長的「公子」，都先後在美國名校得了博士後回來，擔任公職，他們的父親分別擔任過農復會主任委員、台大校長、內政部長、副總統。這四位博士的回國是一個很好的示範：「報效國家，建設台灣」。

自己是一個軍人子弟，從一九六九年第一次回來後，幾乎每年都返台開會或做研究，也就先後認識了這「四位公子」，變成很熟悉的友人。（連戰在一九六五年芝加哥取得博士後，即至我教書的威州大政治系任教，認識最早。）稍後我立刻發現其中少了一位關鍵的「公子」，那就是一九六九年回國貢獻的謝東閔省主席及副總統的公子：婦產科醫師謝孟雄。

此刻一本關於孟雄一生的書《人生就該這麼精采》出版了，正可彌補少了他這位「公子」的缺憾。認識孟雄是一九七〇年代後期，孟雄、君山和我都被邀出任「明德基金會董事」（台塑王永慶董事長所創設，自己受邀請假返台創設「生活素質研究中心」）。

（二）精采一生

回想四十多年前，孟雄時任台北醫學院校長，由於年齡相近，志趣相投，關心的公共議題相同，因此展開了近半世紀的交往。儘管他的專業是醫學，我讀的是經濟，但我們對當時蓬勃發展的台灣社會充滿了信心，也對下一代欠缺人文修養與素質，有著恨鐵不成鋼的焦慮。

在全球化時代，我心目中的「知識人」要擁有四個學養：科技腦、人文心、中華情、世界觀。這四項可泛稱為「人文情懷」的學養，孟雄不僅充分體現於自身，更積極透過教育，影響年輕學子。

在他擔任五年（一九七八～一九八三）台北醫學院校長任內，不畏艱難，有多種建樹及革新，有幾句金句來形容這一挑戰：

(1)不夠困難的工作，不會輪到我。(2)危機就是轉機，由負變正才有意思。(3)沒錢，就要有沒錢的做法，第一步從亮點做起。

十年後又擔任了六年公職（一九九三～一九九九）監察委員，然後堅辭婉謝再提名。他的新使命是再回到父親謝東閔先生創辦的實踐大學，接任校長，積極為社會培育才德兼備且具人文關懷、生活創意、科學素養與國際視野的人才。他對人文教育的重視與推廣，也成為了實踐大學受人稱讚的特色。

在這本《人生就該這麼精采》中，作者李宜蓁詳實記錄了孟雄在生命各階段的五十五則生命智慧，從志業、興趣、成就到價值觀，不僅展現了他的醫者之心、教育家胸懷，更透過他的攝影師之眼看向世界，與讀者分享他歷經戰亂的顛沛童年、歷經奮鬥的求學時期，到多方「斜槓」的職業生涯。

無論是投身醫學、教育或企業管理，孟雄皆秉持著「勤勞是快樂的關鍵」的信念，不僅展現出堅韌與樂觀的態度，更將父親傳承的閱讀習慣以及對精神生活的追求，落實在生活與工作中。書中精采的生命故事和幽默的自述，不僅傳達了他對生命價值的深刻理解，更啟發讀者活出真我、追求卓越。

（三）「分享」勝過「擁有」

人文素養有很多層面，從文學、哲學，到音樂、建築、藝術……。攝影——或者對影像的捕捉與記錄——也正是其中一支。

孟雄在攝影方面他有自己突出的造詣。在他出版的多本攝影集中，有些我曾在現場的博物館中看到過原作。經過他的拍攝，原作的風韻栩栩如生，藝術的永久性在這些照片中活生生地浮現。

多年來我提倡「分享勝過擁有」，回顧孟雄多姿多彩的一生，展讀謝校長的攝影專集，他讓我們「分享」了他最珍貴的藝術世界，就如我們「擁有」了這些藝術傑作一樣。

政治是一時的，監察委員是一時的；藝術是持久的，教育是持久的。

二〇〇三年八月，十多位好朋友組織了一個捷克首都「布拉格之旅」。十天的行程中，名譽團長孟雄一路上如數家珍地細述歐洲文明與捷克風土人情，使每一位學有專精的團員，內心感受到「專業內內行」不夠，還要追求「專業外不外行」。

回到台北，朋友們還舉辦了一個不公開的布拉格影展。最好的照片當然都是孟雄攝影的。

孟雄的灑脫與成功，要歸功於來自父親的教誨與妻子的支持。他的夫人：林澄枝女士本身就是一位傑出的女性。在澄枝擔任「實踐」校長時，我常接受她的邀請與年輕學生討論我所提倡的進步觀念；她後來擔任文建會主委時，也有積極的表現與卓越的成就。這對夫婦實在是台灣社會珍貴的資產。

二〇〇五年七月當謝校長卸下實踐大學校長重責時，他留下了萬千學子對他的懷念；幸好他現在仍是實踐大學的董事長，領導近一萬兩千名師生，持續貢獻邁進。

附記

當我知道「天下文化」有機會出版老友實踐大學謝孟雄董事長傳記的時候，我心裡在想，四位聰慧的女兒大概會要我寫篇序。事實上，過去已經為孟雄出版過的三本書分別寫過「心得」。

果然邀請來了，給了我足夠的閱讀與寫作時間。我居然二週內就寫好了我心目中的孟雄的精采的一生。

沒想到寫完後才看到這本近六萬字的新書《人生就該這麼精采》，寫得那麼生動，也增加了我以前不知道的事與人，幾乎想重寫一篇「讀後心得」。思之再三，我還是應當用我原來所認識的謝校長。其他好友及學生輩，趕快一起分享你們和謝董事長的故事。

唯一要強調的是：書中敘述澄枝失智後，孟雄的愛心與耐心，是我以前不十分清楚的；讀後真是令人心痛感動。傳記中四位女兒寫下對父母的感恩，也正反映出一個快樂家庭的孝思與美滿。

書中整理出的謝董事長五十五則「生命智慧」更是值得推廣，應當把這五十五則匯聚在一起編印成冊：成為當代「青年守則」，宛如我們年輕時背誦的「青年守則十二條」。

（本文作者為遠見・天下文化事業群創辦人）

代序——

重獲開心的父親

會有這本書的誕生，其實是有兩個主因。第一個是大約兩年前因為隨著母親的失智漸漸退化，再也無法跟父親對話互動，父親也跟著漸漸進入一種憂鬱的狀態，讓我們四姐妹頗為憂心。後來正好有第二個原因出現，就是我們在商量想送給父親一個有意義的九十歲生日禮物。

在姐妹們的討論下，我提到父親經常在餐桌上分享他一些有趣且很有智慧的人生小故事，或許我們可以找人來訪問他，一起幫他出一本書。一方面父親喜歡跟人聊天，如果有人定時來訪談他的人生經驗，應該可以幫助他從憂鬱中走出來；另一方面他曾經感嘆過，以前比較有動力和靈感時，喜愛旅遊的他每次出國回來都會整理自己的攝影和文字記載出一本書。他說過希望每年都能出一本，但後來因為疫情加上媽媽的狀況，就再也提不起勁了。如果我們來幫他出一本書，也等於完成他的一個心願。

我找來自己很優秀的碩士班學生宜蓁，她也是一位資深作者，很感恩她在一邊撰寫自己的碩士論文時，還義無反顧地接下這個工作，開始和父親定期訪談。結果如我們所料，父親在她專業的引導詢問下，每次都聊得很開心忘我，回家後會再重述一遍當天他分享了什麼故事，臉上的光彩和笑容又出現了。看到恢復動力的父親令我感動不已，深深覺得我們四姐妹這件事真的做對了！

不過原本只是想自行印刷成冊，到時候可以分送給親朋好友，沒想到父親開始非常積極主動地參與書籍的編排製作，讓非專業的我們很頭痛，不知如何是好，也知道這樣肯定趕不及在他九十歲生日完成，便跑去向宜蓁求助。她建議我們可以跟天下文化出版社談看看，請他們推薦一位資深編輯來協助，畢竟父親跟高希均教授是很好的朋友。父親一向不喜歡麻煩人，拖了好幾天都不好意思打電話，在我們的催促下終於撥了電話給高教授，沒想到高教授不但介紹了最棒的團隊給我們，還說要由天下文化來出這本書。

父親很感動也很高興，而我們更是開心，且自從由專業的團隊接手主導，我們都覺得整個過程好順利又好放心，父親也很努力參與校對，經常看他拿著放大鏡讀著整理出來的文稿並做修改。雖然這本書無法趕上父親的九十歲生日，但是父親和我們都相當期待這本書的誕生。最重要的是，這本書讓我們重獲那個開心的父親！

我在這裡第一要感謝我最愛的三個妹妹，謝謝你們一路來的相互信任、陪伴與支持，在製作這本書的過程中，每個人都如此盡心盡力，共同為父親完成這個心願，你們是我生命中最棒的團隊。接下來要感謝我的學生宜蓁，謝謝你在忙著畢業的同時，還願意接下這個工作，因為你的訪談，讓我的父親重現笑容與動力。也感謝你流暢生動的書寫，讓每個故事都活生生地躍然紙上，這些都會成為我們一家人最美好的回憶。再來一定要大大感恩高希均教授二話不說就決定由天下文化來出這本書，讓書內蘊藏的智慧與價值能讓更多人看到。更感謝天下文化超棒的編輯團隊，尤其負責此書的吳佩穎總編輯，他剛進天下文化時擔任了母親自傳《真澄歲月》的責任編輯，這個巧合讓我們姐妹都驚呼也太有緣分了！謝謝團隊中的仁傑、莉婷和一直被我們麻煩很多的昕詠，你們是我們的夢想團隊，很高興有這樣的緣分與你們一起完成這本書。

父親陽光的人生迄今九十載，在求學、行醫、公職、公益各方面都無愧於心。謝謝您讓我們的家庭生活充滿著愛以及您傳承的家教。沒有您精采的人生與累積的智慧，也沒有這本書的存在。謹以此書，獻給我們最愛的爸比！

文宜（代筆）**、文安、文心、文珊**

寫於二〇二四年十二月

第一章
動盪童年

從四處遷移
到落腳台灣

謝孟雄三歲以前、牙牙學語的時期都待在中國廣東省廣州。後來七七事變抗戰暴發，一家三口陸續離開廣州、避走香港，並在香港一待待了三年半，等於謝孟雄童年時期的三歲到七歲半都留在香港。

後來戰線延燒、情勢惡化，香港旋即於一九四一年淪陷日軍之手，一家三口又展開為期三年半的逃難，從香港輾轉移動至廣州、梧州、柳州乃至桂林，直到一九四五年父親謝東閔被指派為台灣高雄州的接收主任委員，一家三口總算落腳於台灣高雄。

從一九三四年出生起到十二歲，謝孟雄歷經了顛沛流離的童年，一家三口橫越了廣東、廣西、湖南、江西、福建等五個省分。戰亂中謝孟雄主要都是跟隨父母的逃難路線，以及父親的職務調派而移動。

長達五年的逃難生活，對年幼的謝孟雄來說，並不覺得苦。

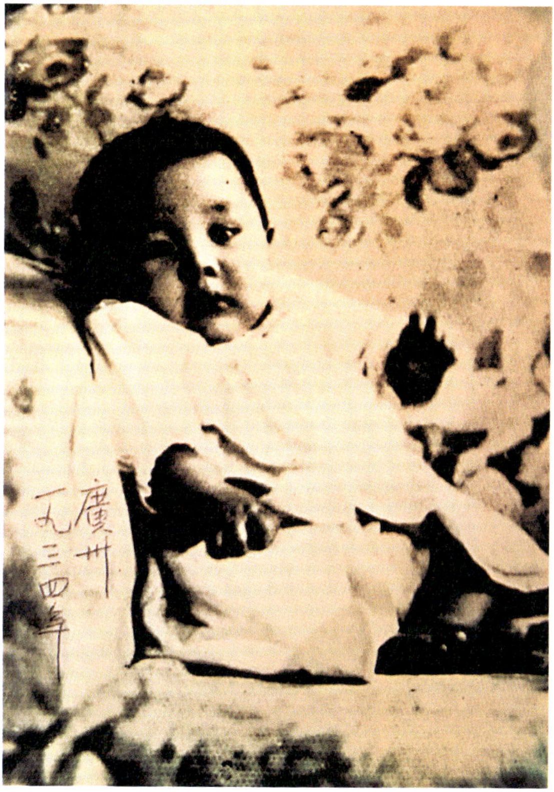

▶ 謝孟雄 1934 年出生於廣州，是家中長子。

在謝孟雄記憶中，那些年為了躲避戰火，跟隨開拓者父親的腳步四處移動、依偎在母親保護下安然度過的逃難時光，年代雖已久遠，印象卻無比深刻。這五年是謝孟雄人生重要的人格養成初期，在顛沛流離中尚能苦中作樂，更讓他親身見證了中國近代史關鍵事件。

始於廣州的逃難童年

一九三四年十月，七七盧溝橋事變發生的兩年半前。

謝孟雄出生在戰爭前夕的中國廣東省廣州市，是謝東閔與潘影清的長子。謝孟雄出生之際，父親謝東閔以日文講師身分破格錄取為中山大學教師，同時在廣東順德縣蠶絲專門學校兼課，也自行開設了「廣州日文專修館」教授日文；母親潘影清則負責家務。

彼時父親在中國南方的教書等事業看來逐漸起步，但其實父親是來自台灣濁水溪旁一個純樸小鎮二水的子弟。

謝家祖先於清朝嘉慶年間由福建漳州來台，剛遷台時謝家相當貧困，三餐只能煮粥止飢。謝家曾祖父讀了很多中醫典籍，開了中藥鋪，克勤克儉過日子，多年後家境逐漸改善。後來祖父謝在祺繼承了曾祖父的田產，部分自耕、部分給佃農租耕。身兼中醫的祖父還免費替村民看病，同時經營糖、米、麵粉、花生油等買賣，生意興隆，因而得以支持父親謝東閔在一九二五年前往中國上海就讀中學。

後來氣候不佳，紅糖無法結晶，生意大受影響。為了解決家道中落的危機，祖父賣掉了二水街上的房子，也無力繼續供應父親在上海的學業。祖父直接對父親說：「你還是回來吧！」

▸ 出生那年，謝孟雄與父親謝東閔、母親潘影清留下了珍貴的合影。

01 人走到絕境，要想辦法，不能失望放棄，總會找到生路。

父親謝東閔不肯返台。當時東吳大學附近憲兵營的兩位營長要去日本進修，聽聞父親日文很好，還翻譯過東吳大學法學院的日文書，因此聘父親為家教，一個營長日文學費三十大洋、兩人六十大洋，父親就這麼靠稿費支撐自己在中國的學習生涯。若沒有當時堅持留下來的父親，就沒有後來的謝孟雄。

父親這段往事讓謝孟雄體悟：「人走到絕境，就是要想辦法，不能失望、也不要放棄，總會找到一條生路。」

問謝孟雄人生遇過什麼絕境嗎？謝孟雄竟樂觀地說：「好像沒有耶！」他身為公務員之家的小孩，家境一向維持小康，「中國人很少大富大貴，小康是中國人希望的生活。不過其實我逃難也很苦，一直沒念書，小學不知道怎麼念的，有時候一年要換三個地方，逃難哪有安定的？從七歲到十二歲，都是戰爭下過日子，命保下來就不錯了。當時是小孩子的我並不覺得苦，現在回想起來，逃難是一種很好的磨練。」

02 香港，靠一己之力掙來的權益與短暫的幸福。

一九三四年謝孟雄出生後，一家三口小家庭的幸福生活正要展開，不過短短兩年半的時間，就碰上了七七盧溝橋事變，國共全面抗日，各地烽火四起。

當時廣州變成日軍轟炸的主要城市，許多機關撤退，父親觀察國際局勢後，判斷當時的香港仍為英國殖民，應屬相對安全之地，加上母親毅然決然力勸父親先到香港，再接母子過去安頓，於是一家三口陸續離開廣州，前往香港避難。

謝孟雄回憶，父親剛到香港時，身上僅有一百四十圓港紙（港幣通稱），是父親心裡最慌的時期。港島跑馬地的租屋處租金要十三圓，家具得另租，一張床、一架屏風、一張桌子、三張椅子租金要六圓，居住開銷十九圓，再加上伙食等費用，一個月的花費要三十多圓，一百四十圓港紙只夠全家活三個月，十分拮据。

當時跑馬地也是香港人賭賽馬的場地，一大片廣闊草皮在不舉辦賽馬比賽時，就好比是謝孟雄的大公園。他回想起自己幼時相當調皮，父親有時想要懲罰他，又不好在狹窄、隔音差的租屋處「修理」他，所以常常「專程」帶他到跑馬地去「打屁股」。父子倆到了跑馬地，謝孟雄天真地問父親：「你帶我來這裡幹什麼呀？」被這麼一問，父親也打不下去了。原本的打屁股計畫，變成父子一起滾草皮，是謝孟雄至今難忘的父子天倫樂畫面。

香港是一個步調快速的工商業社會，要是沒錢，就難以在香港社會生存下來。像父親這樣的教書匠，天天都煩惱著要怎麼立足才能讓全家活下去。謝孟雄記得，舅舅一家六口從廣州逃到香港時，得擠在一間僅僅四、五坪大的房間裡，睡在比上下鋪還要窄的三層床上，真的很像現代的「膠囊旅館」。雖說香港在當時是較為安全的避難地，但對謝孟雄一家三口來說，如何生存仍是挑戰重重！

父親靈機一動，由於當時英國與日本關係緊張，在香港做日本生意的商人需要用日文才能書寫商用信件，父親的日文書寫與翻譯能力再度派上用場。父親到英文報紙刊登廣告，馬上就有商人來詢問合作事宜。

同時間，英國與日本關係日漸惡化，在港英國人似乎早已料到日本會攻打香港，於是父親憑藉著國際觀察評論能力，投稿到香港三份主要日報，寫文主旨圍繞「英日關係」，分析英國人想法、日本人想法以及當時的國際局勢。父親判斷五、六百字左右的小品獲刊機會最大，因為不超過一千字的稿件，對日報來說篇幅剛好、適宜刊登，於是父親就在這三份日報輪流投稿，順道練筆。

03 權益，永遠是靠自己掙來的！

一家三口剛到香港時，都是靠著父親一份一份的日文商業書信、還有日報評論稿費，每個月五、六十港元的微薄收入支撐著生活。父親曾說：「有收入就沒那麼害怕，老婆、兒子就不會餓肚子，逃難的時候，先求活著就好了！」

一九三九年對謝家來說，是時來運轉的一年。那年歐戰暴發，香港郵政總局成立了郵電檢查處，對來往日本與香港的郵務信件實施郵件審查，需要一位審查官（sensor officer），審查官必須具備流利的日文書寫與翻譯能力，專職檢查香港與日本往來的書信與電報。當時住在香港的日本僑民不少，有些僑民會兼職情報工作，因此才有該職務產生。

彼時香港郵政總局副局長的兒子，恰好曾是父親在中山大學的學生。副局長兒子向自己父親推薦，說日文呱呱叫的謝求生（謝東閔別名）老師可勝任這份工作，同時在報紙上刊登尋人廣告，希望找到人在香港的老師。某天，副局長兒子剛好在渡輪上偶遇父親：「謝老師啊！我正好要找你，真是踏破鐵鞋無覓處，得來全不費工夫！」安排面試時，郵政總局要求父親唸日文報紙，並當場以中文翻譯一篇日文，以測試其日語能力。謝孟雄笑著回憶：「父親當場脾氣就來，堂堂一位大學講師，難道日文能力還需要唸報紙、翻譯來證明嗎？要聘就聘，不聘拉倒，太不尊重人了！我似乎也遺傳了父親的這種犟脾氣。」後來副局長兒子安撫了父親，順利面試完成後，父親以優異的日文能力馬上被錄取，核薪每月一百五十港元。一家人月開銷上限從五十元調升到一百五十元，大幅改善了生活品質。

同時間在中國，戰亂仍持續著，許多大學都遷到後方，也有多所學校寄信邀請父親去當教授。

好巧不巧，父親觀察到一位同樣擔任審查官的美國女同事，雖日文會話能力極佳，日文的書寫跟閱讀卻完全不行，讀寫工作都是父親在做。這位美國小姐只消每天打扮得漂漂亮亮、噴一身香水來上班，實際上只能做一半的工作，卻領三百港元月薪，足足比父親多一倍。父親以此詢問長官：「工作都是我來做，為何她的薪水是三百，我卻只有一百五？」長官傲慢答道：「Because you are Chinese.（就因為你是中國人。）」自尊心強的父親對此回應感到莫大的歧視與不滿，立馬表示「辭職不幹了」。父親順道告知長官，早有多所後方大學力聘自己去當教授，根本不缺這一百五十港元薪水！後來，上級長官深知審查官工作不能沒有父親，於是改變策略展開慰留，並即刻調薪為三百港元。

「父親的這三百元薪水告訴我，權益是自己爭取來的！」謝孟雄一家人的社經狀況因此又能向上移動，從原本居住在跑馬地，六個榻榻米、三人擠一間房的租屋處，搬到香港富人區「淺水灣」居住，新家不但寬敞許多，還請得起傭人。謝孟雄記得，那段時間幾乎每餐都有他最愛的巧克力冰淇淋，吃到後來牙齒都壞了！每天早上傭人陪著他搭電車去上幼稚園，謝孟雄因此蒐集了一整個抽屜的電車票，生活過得非常優渥且舒適。

04 逃難是什麼？我只知道這裡不安全，要跑到另一個安全的地方。

一九四一年十二月，太平洋戰爭暴發，局勢愈來愈詭譎。後來謝孟雄全家租屋在山頂的一棟三層樓房裡，當時香港被空襲的次數愈來愈多，房東太太對於一家三口經常不好好待在承租的三樓，私自跑到地下室躲避空襲，因而影響她打麻將非常不以為然。幸好當時母親機警地告訴房東太太：「我先生懂日文。」房東太太立刻轉怒為喜，視他們如救星，送謝孟雄巧克力、蛋糕，極盡奉承之事，不再阻止他們到地下室避難。

某天空襲再起，三人又跑到地下室避難，要是依照父親的剛強性格，想起房東曾有的抱怨，肯定直接返回三樓租屋處，絕不讓人有機會說嘴！幸好當時母親堅持要全家人留在地下室避難。

沒想到那一晚，日軍的砲彈就這麼不偏不倚直接擊中三樓，穿過廚房、在臥室炸開，「要是我們真的回三樓，三條小命就沒了！」謝孟雄聊起這段往事仍覺劫後餘生，「非常感謝母親當時的直覺與堅持，以及那句切中要害的智慧之言，全家方能逃過一劫。」一家人於一九四一年十二月香港淪陷後兩個月，再度逃回廣州。

「逃難的時候到處跑，小時候我也不知道害怕，就是跟著爸爸媽媽。」謝孟雄記得，有時運氣好剛好有火車坐，有時搭人力划的小船，有時根本沒有交通工具就走路，「我記得很多人在田裡走路，翻山越嶺是常有的事。那時我只知道這裡不安全，要跑到另一個安全的地方。」

謝孟雄說，父親會規劃路線，從廣東再跑到廣西，先到梧州、柳州，再到桂林；後來桂林不安全，繼續往北到湖南，經過衡陽、長沙走到贛州；等到日軍占領南昌，又越過南嶺到福建。福建到處都是山，丘陵多，福建的山不比台灣高，都是丘陵，逃難逃到山裡面比較安全。

05

只要父母親在身邊，就有安全感。

謝孟雄七歲大的時候，從廣州逃到肇慶那一段沒有什麼交通工具，都是父親揹著他走。七歲也不小了，父親沒辦法揹完全程，於是父親揹一段，他自己走一段，一天要走幾十華里（兩華里等於一公里），算算一天也走了十幾公里。也因此，只要走過的城市謝孟雄一定會記得。「當時不覺得苦，小孩子嘛！只要有父母在，就有安全感。」

「我記得從贛南過了好多個山路，一山過一山，坐著木炭車到永安。」謝孟雄一家人搭的那台木炭車是中型巴士大小，當時沒有汽油，巴士後面有一個大桶子裝著木炭，木炭車燒炭因而產生蒸氣得以向前推動，但無法上坡。「當時我大概八、九歲吧，下坡可以往下滑，一遇到上坡就下車推，沒有人可以坐在車子裡，因為很重推不動，所有乘客都得下來推車。」

到了謝孟雄十歲左右，住在永安將近快兩年，多年來到處逃難，無論逃到哪，他的方言都學得又快又好，唯有永安的客家話他就是學不來。一方面土話很難學，另一方面是因為逃難根本抓不準會在這裡待上多久，有時只能學到一半就得離開。

當時，有很多福建廈門的政府官員跟眷屬都紛紛逃到永安（戰時省會）。謝孟雄記得，他就讀的是永安最好的小學「福建省銀行附屬小學」，嚴家淦的大兒子嚴雋泰跟他同班，後來到台灣念建中也剛好同班，相當有緣。謝孟雄當時每天要走四十分鐘上學，「去上學的路就在田裡，因為根本沒有路。放學的時候就順便在田裡摸一些螺獅、蛤蜊，用小布袋裝回家，泡水吐沙，隔天吃，很新鮮，記得田裡什麼都有！」謝孟雄小時頑皮，田邊有小河，就跟同學一起光著身子跳下去游泳，當時曾有人在小河裡發生淹水意外，因此只要被媽媽發現就會被唸一頓。

四處逃難這麼多年，住在永安的那兩年，對謝孟雄來說是相對安定的。當時父親任職於台灣黨部，兼差美國新聞處工作，負責監聽日本廣播，那時美國很注意日本動向，所以兼差的薪水很好，於是父親在永安買了一間平房，兩房一廳，大概二十坪左右大，外觀跟格局就像後來台灣的眷村。謝孟雄說：「我還記得那個房間的模樣，印象特別深刻，逃難五年，父親只買過這一間房。可惜後來逃難就離開，房子也不要了，逃難的時候買房子沒有用，因為明年也不知道人會在哪。」

06 父親那一則驚險萬分的爆紅大獨家。

彼時，廣西省政府三大報是《大公報》、《掃蕩報》跟《廣西日報》，父親曾任《廣西日報》的電訊室主任。報社社長原本寄望著，剛從香港回來、消息靈通的父親可以擔任總編輯重責大任，但父親謙稱自己文筆沒那麼好、也沒編過報紙而婉拒職務，後來被聘為電訊室主任。誰知《廣西日報》電訊室根本沒有任何電訊相關器材，只能等中央發電報來，照抄做新聞。父親跟社長要了一台在倉庫找到的舊RCA短波收音機，放在窗邊可以收聽到東京廣播訊號，父親就負責聽東京的廣播，另一位英文好的華僑同事沈先生負責聽英國廣播公司（British Broadcasting Corporation，BBC）訊號。

有一次，父親做了一條轟動的大獨家，是一九四二年美軍一艘主力艦開進地中海的新聞。這條新聞在當時至關重大，乃是由於二戰時期英國需要美國合力幫忙以擊敗希特勒，但英軍糧食缺乏，運輸航線的船隻又不斷被潛艇擊沉，所以美方不肯。父親攔截到的這條大獨家，先是俄羅斯外交部長莫洛托夫在一九四二年訪問美國，再來是美軍有一艘主力艦開進地中海。德國不敢轟炸美軍商船，因此美軍主力艦開進地中海，便表示美國積極參與歐戰。直到一九四一年十二月七日，珍珠港事變暴發，美國對日宣戰，德國、義大利對美宣戰，軸心國對抗同盟國的態勢明朗，父親趕緊將這條新聞告訴社長，《廣西日報》緊急印了三萬份只有一頁的「號外」在街頭賣，一下就賣光光！

由於當時報社內沒有那艘戰艦「加利福尼亞號」的檔案照，父親反應快，趕緊在美國《生活雜誌》上找了一張軍艦來充數。當時《廣西日報》其實是銷路最差的政府報，竟然搶到這一條大獨家！各路記者紛紛好奇詢問：「謝先生，你這個頭條哪裡來的？」他回說是從BBC廣播聽來的，記者一方面稱讚，一方面也懷疑：「你好厲害，其他兩家大報都沒有，但這究竟是真消息還是假消息？」號外發了一個星期以後，連父親自己也開始緊張，因為各路報社都沒有跟進報導此消息，該不會是聽錯、穿幫了吧？還好十天過後，蘇聯外交部長正式宣布訪美，與美國結盟，中央社才發布這條重大新聞。

> 07
>
> **時勢造英雄，戰亂中看透人性真實面。**

在桂林最後的那一段日子，父親奉派到福建漳州擔任國民黨直屬台灣黨部委員兼宣傳科科長，離開了《廣西日報》的職務，父親與母子倆分開的生活特別苦。父親一離開《廣西日報》，報社高層相當現實，直接變臉，馬上把母子倆從二樓宿舍趕到倉庫去住。謝孟雄回憶那段從宿舍到倉庫的日子：「我還記得桂林的老鼠很大，有一斤重那麼大隻，老鼠常常在床頭跑來跑去。桂林還賣老鼠肉，路邊攤還有老鼠米粉，老鼠肉跟牛肉一樣紅紅的，但是我不敢吃。」

桂林的日子，除了可怕的大老鼠，還要常常躲防空洞，桂林天然洞穴又多又大，謝孟雄還記得有一個觀音巖可以躲好幾千人。在桂林的苦日子裡，謝孟雄一天只吃一條烤番薯。小學三年級的他下午三點放學後，晚上還要去擺地攤，但是他會先回家把晚餐煮好，再去接媽媽回家。當時才十歲的他就會煮飯，因為「不會不行」！「母親喜歡臘腸飯，白米裡頭放兩條臘腸，再炒一個青菜。因為母子倆要自己想辦法過生活，母親去買了一些大人的衣服，用她的巧手改成童裝，放在地攤上賣。母親手巧，我就在旁邊當助手。」雖然窮苦，但母親心疼喜愛足球的兒子要赤腳踢球，用辛苦賺來的錢買了一雙當時極為昂貴的雙錢牌球鞋給他。

一九四三年，中國國民黨在重慶召開第六次全國代表大會，父親奉派代表台灣出席。父親原想當一個自由自在、無拘無束的文化人，未料竟在此時被內定為台灣接管日本政府的接收大員之一，但自己卻全然不知。

一九四五年，父親連同連震東等人一起搭乘美軍登陸艇，自閩江口回到基隆港。一抵達台灣，父親立刻被接到台北，行政長官陳儀任命父親擔任高雄州的接收主任委員，並即刻動身前往高雄州政府。三個月後（一九四六年元月）母親很果決地帶著謝孟雄乘了一艘二十呎機動小漁船自閩江東渡，冒著東北季風安抵基隆港。

謝孟雄於是落腳台灣，正式開始在台灣的發展。

第二章　成為我自己

選一條難走但精采的路

08 處處為家，台灣是待過最久的地方。

第二次世界大戰即將結束之際，謝東閔被國民黨中央政府內定為接收大員之一，但本人卻不自知。一九四五年十月二十四日，謝東閔、連震東和劉啟光跟隨國民政府接收船隊，搭乘美軍登陸艇，自福建省馬尾啟航。一抵達基隆港，謝東閔立刻被接回台北，當時行政長官陳儀給了一張任命狀，指派謝東閔前往接收高雄州政府。

謝東閔重回故鄉的第一天，就此踏上政治之路，未能實現年少時期心心念念想要開一家兒少出版社的夢想。當時才滿十二歲的謝孟雄，也從多年的逃難生活輾轉落腳台灣，先是在高雄待了一年，後來在一九四六年十月搬到台北。

對謝孟雄來說，什麼是家鄉呢？他說：「過了好多年逃難、流離失所的日子，哪有什麼家鄉？說實在二水我也沒住過幾天。對我來說，每個地方都是過客而已，我比較沒什麼家鄉的想法。也許是到處為家、處處為家，去過的地方我都覺得不錯，來台灣算最久了。」

謝孟雄跟著父母親逃難多年，僅念了一個月的小學五年級，來到高雄後不想再念小學，於是他直接跳級報考高雄中學初中部一年級，糊裡糊塗竟然跳了兩級就直接考上。就讀雄中初中部時，由於跳級緣故，謝孟雄是全年級中年紀最小的，但他的學業成績始終維持得很不錯。與謝孟雄同班的，有後來熟為人知的政治人物錢復、許水德等人，有一位同校的學長劉裕猷後來還當選了南投縣縣長。

在謝孟雄就讀雄中初一那年，校內都還是日本老師，學校瀰漫著軍國主義。雖然他具有優越的語言天分，每到一個新地方很快就能學會當地的新語言，像是學會福州話只要三個月、台灣河洛話只需六個月，但因為他認定日本人實在太欺負中國人了，因此他堅持不學日文。直到一九四六年底，所有日本老師被送回日本之前，他在雄中初一那年，不僅在學習上充滿語言隔閡，在學校文化上也非常不適應。

謝孟雄回憶那時在校內，階級意識相當濃厚，高年級學長可以任意欺負低年級學弟。學長走在校園裡，只要發現學弟沒有對學長表現出畢恭畢敬的態度，「學長是直接叫住學弟：ちょっと待って（中文：等一下），為什麼沒有『敬礼』（中文：敬禮）？學長可以二話不說，直接賞學弟兩個耳光。打完巴掌後，再看學弟的態度有沒有服從，有沒有再次向學長敬禮表示『我錯了』，如果學長不開心，就繼續打耳光。」有一位棒球隊捕手學長，功課很不好，帽子剪了一個洞，腳踩木屐，褲子後的口袋還塞了一條毛巾，走路搖來晃去、很流氓的模樣，看到學弟就打，非常粗魯，謝孟雄對這個人記憶深刻。當時規定學生要住宿舍，就像軍人一樣，低年級學弟要幫高年級學長倒水，甚至跪地洗腳，當時他對學長欺負學弟的軍國主義跟階級文化極度不認同，目睹這樣的霸凌事件，只能趕快閃開、避免挨打。

一九四六年，謝孟雄全家搬到台北南菜園，他轉學到建國中學初中部重讀一年級。由於成長過程中大多時間都在中國逃難，雖然謝孟雄熟悉中國各地五、六種方言，河洛話也學了六個月，但沒有學過注音符號的他，很多中文字都不會唸，還好後來功課很快就跟上，成績也還不錯。尤其是他突出的語言天分，後來雖然選擇了理組，文科的國文、歷史跟地理還是出奇得好。

09

語言天分造就強大適應，克服害羞融入團體。

謝孟雄小時候比較害羞，因為四處逃難，沒什麼固定朋友，每到一個新地方，他就變成外來者，當地人也不會很快就認同他。他坦言小時候很害怕換學校，一換學校所有的環境、老師跟同學都是陌生的，只有一個好處是「適應力會比較好，因為要接觸不同省分的人，學習融入不同的生活習慣跟文化，還要學習語言。」

「我適應最好的部分就是語言，每到一個新地方就要學新語言，我精通廣東話、桂林話、福州話、河洛話，中國方言只要是西南、兩廣語系的我都懂，閩北、江浙、北方話我都通，四川話、上海話跟客家話，雖然講得不好但我會聽。我去馬祖的時候，當地人問我：『你怎麼會福州話？』我說：『八十年前我曾在那裡住過三個月！』」謝孟雄唯一學不會的語言是「溫州話」。他說：「這個語言真怪了，我一個字都聽不懂，溫州、泉州有很多阿拉伯人，我猜語源可能是阿拉伯語。」

除了溫州話還有學不會的語言嗎？謝孟雄說，還是有一些不會，普通話也是逃難時才學會。福建地形多山，只要翻過一個山頭，語言就完全不一樣，因為地形阻隔了兩處居民的交流與往來。後來他接觸了許多地方傳統樂曲，喜愛京劇、豫劇、歌仔戲，接著馬上唸出《蘇三起解》的簡譜來。八十幾年前，謝孟雄的母親潘影清女士唱給他聽的俄羅斯民謠〈伏爾加船夫曲〉(Song of the Volga Boatmen)，時隔足足八十年，他竟能朗朗上口、一音不漏地唱出簡譜。

從建國中學初中部畢業後，謝孟雄直升考進建中的高中部就讀，許多同學後來成為社會菁英。比方像同班同學方錫經，是專長放射物理跟核子醫學的大學教授，後來也擔任過實踐大學校長，目前仍是實踐大學董事。謝孟雄與方錫經高一同班時，班上座位是依照高矮順序排，開學的時候謝孟雄的位置還排在方錫經前面，後來有一次方錫經對他說：「謝孟雄你不像話！」因為他不斷長高，本來坐第一排，然後調到中間，最後坐到最後一排去！方錫經打趣回憶道：「很奇怪，原本他坐我前面，現在他那麼高，而我這麼矮，可能是他當時還未成熟，而我生長激素不足的關係吧？」

謝孟雄高一的國文、歷史、地理分數很好，高二國文成績還得過一百分，高一歷史每次考試，全班及格的人不多，而謝孟雄還是常常拿歷史最高分。方錫經說，建中高一這屆是台灣光復後第一屆，本省同學都受過日本小學教育三、四年，寫中文是高難度，因此高一國文課的作文課總讓大家痛苦不已，作文得要抄別人的才能寫得完。

「但謝孟雄總是不到一堂課（作文課總共兩堂）的時間就寫完，衝出去打球，我們幾個同學向他求援，要抄他的作文（當參考），他回：『作文哪有抄人家的！』就回絕了我們。」神奇的是，謝孟雄小學期間都在中國各省分逃難，小學根本沒念完，注音符號是到台灣來才開始學，中文程度遠遠落後其他同學，一開始很多中文字都不會唸，然而他卻內建了豐富的文采跟想法，想來是跟他豐富的成長經歷有關。

▸ 謝孟雄高中就讀於建中，與許多未來的社會菁英成為同學。

想起高中生活，謝孟雄知道自己並非認真、頂尖的模範學生，雖然他上課總是很專注，還會融會貫通後抄好筆記，但下課鈴聲一響就自動把功課拋到九霄雲外。下課後最重要的莫過於衝到籃球場搶三對三鬥牛的半場位置，「在建中的時候，十一點先吃便當，十二點鐘響就衝出去搶球場，我不午睡的。」考試前，謝孟雄只把自己的筆記看過一遍就去考試。讀書時間很少、沒有非常用功的他，也不求考進班上前三名，只要前十名、考個八十分就很好了。

10 陽光好奇的文藝復興時代魂。

關於念建中時國文考一百分這件事，連謝孟雄自己都不敢相信。他記得很清楚，建中的國文老師叫郎濟滄，是女真人，擁有正黃旗血統，學問高深，當年跟國民政府來台後到建中教國文，教得非常棒。有一天郎老師問同學們是否看過《諸子百家》，當時班上五十幾個同學，看過的人不超過十位，出於好奇的求知慾，謝孟雄有次下課還真的跑去學校對面的歷史博物館，翻出《諸子百家》看了一遍，沒想到隔幾天，郎老師上課時真的出了一份《諸子百家》考卷，一共六題，一題十八分，「我大概答得很不錯，滿分是一百零八分，我得了一百分！印象中數學考過一百分不意外，我的文組科目雖然普遍都很好，但國文竟然考了一百分，到現在我還是難以置信！」

知名的法律學者、曾任大法官的黃越欽，是作家黃越綏的哥哥，後來黃越欽和謝孟雄同為監察委員且相鄰而坐，他常常佩服謝孟雄說：「我們念文組當律師的人文史好是正常，你當醫生，文史怎麼也那麼好，一定是文藝復興時代的人！」

謝孟雄說，歷史天分或許有一部分遺傳自愛看書的父親，也來自建中歷史名師陳致平（著名小說家瓊瑤之父）及地理名師王徵，王徵教學生念地理要搭配地圖和地球儀，這兩位恩師對謝孟雄的學習策略影響深遠。

11 理組邏輯加讀書策略，文理雙棲，輕鬆征服史地文科。

謝孟雄文理雙棲的祕訣是用理組的頭腦，加上策略來念歷史跟地理。他解釋：「這兩科要一起念，而且必須搭配地圖，最好是地球儀，地球是圓的，攤在紙上三度空間就消失了。腦中還要有時間軸概念，用大事件把前因後果等資訊脈絡統統串起來。」

他舉例說：「西羅馬帝國被滅在西元四七六年，東羅馬帝國滅亡是一四五三年，歐洲沒有一個朝代歷時超過兩千年。中國也沒有超過兩千年的朝代，九個朝代有五個君主是胡人，所以北方人應多為混血。」

由於謝孟雄上知天文、下知地理，見聞廣博，生活中的大小事在他的解釋之下，都變得很像是觀賞「國家地理頻道」般有趣。

某次在實踐大學校內講座中講咖啡，謝孟雄也是從地理的角度切入，首先要了解咖啡是熱帶植物，種植地區位在南北回歸線與赤道這一帶。世界頂級的咖啡產在北非及南美洲高原，像是衣索比亞高原、哥倫比亞，溫差大是關鍵，白天要高溫、晚上再降溫，植物的生長機轉比較好。拿這個道理回台灣看，台灣是在嘉義以南才有生產咖啡，另外高山種的蔬果都比較好吃，白菜、蘿蔔、高麗菜都特別脆、特別甜，熱帶平地種植的蔬菜水果就沒有這麼好吃。世界歷史跟南北回歸線有關的是，卓越的世界古文明也都發生在這個區域之間，兩河流域、印度河流、黃河都是北緯三十度，太熱、太冷都不行。

12 不搭順風車的政二代，只想活出自己。

謝孟雄信手捻來背出巴爾幹半島的十個國家以及其地理位置，接著又逆時針精準講出圍繞中國的十四個國家及位置。他說：「次序順著來，一輩子都忘不掉。」講到吉爾吉斯這個國家，還不忘再丟個冷知識：「李白其實是胡人喔！」他對歷史跟地理的執著與熱誠，全然不輸一個歷史地理系資深教授！

話鋒一轉，謝孟雄提起油條的別稱是「油炸檜」，「你知道為什麼嗎？因為岳飛是被秦檜這個大奸臣害死的。岳飛是南宋人，因此長江以南的油條都稱做『油炸檜』，意思是民間的百姓太氣憤了，把油條做成秦檜夫妻的樣子，丟進油鍋炸來吃以洩憤。長江以北就稱之為『油條』，廣東話的發音更為傳神。」謝孟雄隨口就能丟出好幾個歷史冷知識。

在建中的時候，謝孟雄愛玩也愛運動，「沒什麼念書，我考試沒什麼在準備，但分數都還不錯，也不敢說聰明，大概我很會抓到要領。」既然不花力氣就能把國文、歷史、地理等文組科目念得呱呱叫，高中時的謝孟雄是怎麼思考未來、選擇未來志向的呢？

「如果當年選擇走文組，隨便考個台大其實是輕而易舉。但民國四十一年那個時代的文組，畢業後出路很有局限，要找工作必須靠關係，我這個人最不喜歡靠關係，我連拍照都不想靠關係！」

13

不拉關係、不講假話，只喜歡做自己。

那麼謝孟雄爸媽又是怎麼想的呢？「媽媽很尊重我的想法，對於未來她沒有給什麼意見，小時候只覺得媽媽有時候很囉唆、嘮叨，但就因為我看著她的背影長大，才從小就學會了那麼多事情：衣服自己洗、菜自己買、飯自己煮。我後來才能成為一個厲害的家庭主夫，家事都可以一手包辦，難不倒我！」

「很多人以為，我大可順著爸爸的路，搭便車進入政壇成為『政二代』。但是我不要，當年走文組就要拉關係，我不喜歡拉關係，最好都不要來找我，假話我講不來，這點我跟我爸爸像得不得了！」

謝孟雄也怕大小選舉。他記得當年省議會要選議長，蔣經國前總統說要尋覓台籍人士，力薦父親謝東閔，因為父親曾當過民政處副處長、教育廳副廳長，是省議會議長的絕佳人選。因此中央希望父親先選省議會副議長，然後再接班議長這個職務。父親當年返台後最想做的事，其實是開設出版社、出版文史書籍跟辦學，只是礙於政府官員的身分不能辦學校，但省議會議長可以！於是父親就接下省議會副議長的職務，「這個派任對爸爸來說有點像是塞翁失馬，他在一九五三年擔任臨時議會副議長年代，一手創辦了實踐家政專科學校（簡稱實踐家專）。對爸爸來說，教育是正職，政治比較像是副業，我想是因為教育很單純，政治比較爾虞我詐吧！」

14 走一條難走的路，做別人不能做到的事。

後來，謝孟雄選擇從醫這條路，主要是想獨立，挑戰一條艱難的路！逆向操作似乎是他人生中很重要的一個基調。

「你說我的人生喜歡走困難的路嗎？我自己也覺得是很奇怪的事！我的

想法是，容易的，誰都可以做！我最好做別人不能做的，對我來說最難的是醫學，因為我的數學並沒有那麼頂尖，台大醫學系當年有三千多人報考，只錄取五十名，我在第一關考數學就輸掉了。後來考上第二志願國防醫學院，我是榜單上排名第九，因為國防有考中外史地，加分加很多！」謝孟雄大笑。

父親是如何看待兒子選擇行醫之路？謝孟雄說：「父親看我考醫生，他很高興，他明白這個孩子不是要依附，而是求獨立。我考上國防醫學院，他心裡很高興，他曉得我不走容易的路。父親從來沒有講出來，但我知道他心裡很得意。」父親常常跟外國朋友介紹說：「我兒子是個婦產科醫師，是『下水道專家』！」搞得老外一頭霧水。

謝孟雄於一九五二年考上國防醫學院之後，在國防醫學院接受醫學院基礎教育，以及為期三年的軍事教育。後來升大三時，轉入剛創辦的高雄醫學院，成為高醫第一屆醫學系學生。當年跟謝孟雄同屆的建中學生，有三十幾個考上

▶ 挑戰人生、夢想從醫的謝孟雄，高中畢業後考上了第二志願國防醫學院。照片攝於 1952 年。

▸ 習慣自由的謝孟雄，不想被當阿兵哥管理，於是轉學到高雄醫學院就讀。照片攝於 1958 年。

國防醫學院，國防的教授都非常優秀，因為日本人走了，中國來的菁英教授都集中在國防醫學院。但也許是念建中早就自由慣了，不習慣被當阿兵哥管理，最後謝孟雄在升大三那年，轉學高雄醫學院三年級。

當時由於雙親的安排，謝孟雄在高雄求學時代，就寄住在父親好友林東淦在省立高雄商職的宿舍中。林東淦因工作留在高雄，家人均已遷至台南，也是因為這個轉學的決定，才讓謝孟雄跟林澄枝有了相識、相戀的契機。

第三章 斜槓先鋒

一心從醫，卻在他界開滿芬芳

15 不夠困難的工作，不會輪到我。

一九七八年十一月，謝孟雄應聘為台北醫學院校長。那是在一九七二年謝孟雄接任實踐家專董事長之後，第二個大專院校校長職務，也是第一個「醫學院」等級校長職務。

當時台北醫學院董事會徵詢謝孟雄前來接掌校長職務時，他了解到，身為一位醫師，可以有機會榮膺一個醫學院的校長，「是極大的 honor（榮耀）」，同時也是困難的挑戰，「因為不夠困難的工作，不會輪到我」，謝孟雄笑說。

尤其當時北醫建校十八年來多有負債，附設醫院也才剛起步，經營尚未穩定，整個學校處於一個發展不甚穩固的狀態。謝孟雄回想：「比我能幹的人太

▸ 不畏艱難，謝孟雄毅然決然接下台北醫學院校長的重擔。照片為謝孟雄與北醫創辦人徐千田教授（左三）及其他教授合影，攝於 1978 年。

多了，有誰要跳進來？我那時才四十五歲，在醫界我還只是個小老弟，比我資深的教授多得是。」他心想，人生不能總是這麼順吧！雖然沒有把握一定可以做好，但他很願意放手一搏，看看五年內可以怎樣辦好北醫。

於是謝孟雄單槍匹馬赴任，只帶了一個祕書劉昭仁前去，沒有班底，其他全部沿用北醫的員工，為的就是不讓員工有「一朝天子一朝臣」的感受。

16 危機就是轉機，由負變正才有意思！

在出身高醫的謝孟雄接任北醫校長之際，台灣醫界壁壘分明的風氣正逐漸轉變，但他的就任仍舊遭到少數質疑。問謝孟雄當初何來勇氣接下重擔？他反而感謝北醫給他很好的磨練，「這就是我與人不同的地方吧！我常常想，好康的、容易做的工作，都輪不到我。什麼叫做機會？危機就是機會，看你怎麼處理一個危機，轉危為安、逆轉局勢，這種事情對我來說很有挑戰性。力挽狂瀾，由負變正才有意思！」他一邊講，一邊眼神發亮。

當時北醫的狀況是，學校負債高達八千八百萬，一年有一千多萬利息要還，員工薪水發完後就沒有剩餘款。謝孟雄認為「有多少錢，做多少事」，他大可畫一個大藍圖，只要董事會拿得出錢來，校長當然義無反顧地衝。然而因為北醫當時的狀況特殊，所以「得努力擠出一些檸檬汁」。要想在五年內將學校翻轉到煥然一新的樣貌，謝孟雄聰明運用了不少經營智慧。

17 沒錢，就要有沒錢的做法，第一步從亮點做起。

謝孟雄擔任台北醫學院校長第一年，在校內行政費用上撙節了三十五萬新台幣，校務百廢待舉，該從何做起？按照一般學校體系的經營做法，應該是每個學校局處室各發五萬，當時的五萬金額很大，這筆錢給局處室自行運用，算是皆大歡喜。謝孟雄卻不這麼以為，他堅持「沒錢，就要有沒錢的做法」，那就是：從亮點做起。

謝孟雄仔細觀察到校內學生餐廳，不僅是外觀鐵皮破損，內部還衛生堪慮，用餐時蒼蠅、蚊子在餐桌附近飛來飛去，泥濘的地板只要一遇到雨天，學生的腳跟鞋就變得「醬落落」（台語：泥濘不堪）。當時謝孟雄認為，考上醫學系對學生來說明明是很光榮的事情，這樣的用餐環境對醫學院學生來說實在太虧待了！

於是謝孟雄把七個一級主管找來開會，他宣布本年度撙節後只獲得三十五萬經費，「我對主管說，三十五萬雖少得可憐，但想來想去，當務之急就是整修學生餐廳，整修費用大概就是剛好三十五萬。」謝孟雄可不是信口開河，他早在事前就調查清楚：地板磨石子五萬；更換新桌椅約五萬；把椅子換成兩百張圓形鐵皮的勇士椅、磚造廚房打掉換成不鏽鋼，要價十五萬；剩下十萬不足以裝冷氣，就改裝了十二部電扇，通風變得很好；再加裝紗窗，讓蒼蠅、蚊子飛不進餐廳；油漆牆面，把閃爍的燈管換新，並將日光燈改成暖色調。總和算起來，翻新學生餐廳的任務，剛好三十五萬可達成。

謝孟雄提出這一套改善餐廳的亮點計畫並非隨便喊喊，事前必須做到縝密精細的詢價跟規劃，他所提出的資料跟數字都要很清楚公開，因為只有帶一位祕書同行，很多事前規劃都是他親力親為。

主持第一年新官上任的主管會議，謝孟雄先提案以三十五萬經費來整修餐廳後，他不問主管們：「這個三十五萬經費整修餐廳，有沒有反對的？」反而是正向提問：「有沒有比整修餐廳更重要、更急迫的提案？請大家提出來。」

謝孟雄詳細提供計畫跟每一個單項報價之後，再問：「這個提案有沒有不當使用之處？」台下一片靜默，「沒有更重要的提案，那就鼓掌通過了！」謝孟雄這個做法必須相當有自信，因為他提供與會者有機會可以反映、提新案，大家溝通討論，有意見提出來一起決定，「要是提案比我好的，我接受，如果沒有提出更好的案子，那就按照我的做法執行。」

「這個做法不是獨裁，獨裁是自己決定，別人一定不高興。但是我獨斷，我用的是民主方式的討論，不採用投票，因為票可能會被掌控、被翻盤，提案有時會走向不能決也不能行的兩難。我的資訊一切都公開，中間沒有隱蔽。」

謝孟雄說，複雜、困難的狀況通常大家都避之唯恐不及，然而他卻認為複雜跟困難是最好的學習機會，學習如何化繁為簡、和諧地解決問題。

▶ 謝孟雄任職北醫校長期間，曾赴休士頓參與國際大學校長會議，夫人林澄枝時任實踐家專校長。照片攝於 1980 年。

18 該省的省、該用的用，錢就擠得出來。

在北醫的第一年，除了把亮點做起來、修建學生餐廳之外，謝孟雄啟動了教授調薪計畫，改善薪資結構，凝聚教師向心力。當時公立大專院校的教授薪水是一個月三萬元，但私校北醫困於債務問題，教授薪水一個月只有一萬兩千元，謝孟雄身為校長，僅多了主管加給三千六百元，月薪才一萬五千六百元。

「差這麼多，怎麼請得到優秀教授？這對學校治理經營絕非長久之計。」

謝孟雄第一年先加薪六千元，調整為月薪一萬八千元，「讓教授們覺得有希望，起碼有個安慰，學校知道我們教授真的很辛苦」；第二年再調升六千元，月薪是兩萬四千元；第三年就調到跟公立學校教授一樣的三萬元。

謝孟雄堅持，只要辦校該省的省、該用的用，錢就擠得出來。

19 急中生智！加速總務處付款的一張手寫公告。

在北醫的第一年，謝孟雄發現，就在北醫門口的吳興街商家，不太喜歡跟北醫做生意，因此學校辦事、買東西常得捨近求遠，跑到老遠的延平北路、甚至社子島去買，買的東西還比較貴，品質也不一定比較好。他仔細觀察到，很可能是總務處跟廠商之間半年後付款的舊慣例所致。謝孟雄舉例：「比方學校跟廠商買了杯子，總務處付款給廠商要等半年後，不管是有意還是無意，這不是一個做生意的好方法。」

當時的台灣社會銀行利息高，生意人普遍有延後付款的陋習，幾個款項加起來好幾十萬，付款時程往後壓一個月，就有利息可拿，謝孟雄也了解這個學校體系的普遍生態。於是他想到一個妙招，拿一張A4紙，自己手寫上「即日起，凡校長核批的金額，廠商在十日內領款有困難者，請到校長室洽辦」，就把公告貼在校長室門口。

公告一出，不用等到半年，跟學校合作的廠商就拿得到款項，廠商要是拿不到就直接來找校長。這張公告讓校外廠商更願意跟北醫做生意，也沒有為難總務處，因為還是有一個「十日」的期限可以提款作業。「最妙的是，這張公告沒有指名張三李四，總務處慣例是半年後給款，那校長來修正加速，這樣子就順利解決問題了！」他邊說邊笑，自己急中生智不怕困難，因為困難對他來說最能激發腦力跟創意去解決。

20 失敗要找出原因，成功要找出方法。

在北醫第二年，學校撙節經費後獲得兩百萬元治校經費，謝孟雄花了大部分經費來翻修球場，因為舊的球場疏於維護，球場中間不僅出現裂縫、還長草，學生運動很容易受傷。凡事親力親為的謝孟雄還花功夫去研究，球場下方要用哪種材質的地板才會好用又長久，是要用細鋼筋鋪在水泥下，還是要加入塑膠網跟紗布呢？他大費周章地送這些材料到工研院去做重量測試，都是為了球場的長久使用考量。

當年的北醫也缺乏一塊平整的水泥地可以讓校方跟學生講話，更沒有禮堂，只有露天的場地。謝孟雄常站在一個肥皂箱上面，笑著跟同學說：「我們

▸ 謝孟雄不畏艱難，於北醫校長任內做出許多重大改革。照片攝於 1980 年。

學校很像黃埔軍校，有點克難！」從第二年開始，謝孟雄就規劃未來要找地蓋禮堂。

21 拉掉蜘蛛絲，翻新藥學系古堡大樓。

執掌北醫校長的第三年，學校撙節後經費增加到四百萬，謝孟雄把其中的三百萬撥給藥學系，處理那棟年久失修、布滿蜘蛛絲，很像古堡的藥學大樓。「藥學系教授常常到晚上八、九點還在工作，領著少少的一萬多塊薪水，我內心既感動、又覺得很對不起他們，起碼要給他們一個好一點的環境。」於是任內第三年謝孟雄讓藥學系大樓煥然一新，做了另一個亮點！

北醫治理來到第四年，學校撙節後經費共有八百萬，謝孟雄觀察到，原本牙醫診所內的診療椅早已破舊失修，給病人車牙的時候還會發出「喀啦喀啦」的怪聲。當時一般醫療院所洗牙的收費非常便宜，沒有盈利空間，因此普遍來說牙醫診所並不喜歡提供洗牙服務。於是，謝孟雄撥出四百萬給牙醫系，買了二十部全新的診療椅。謝孟雄得意地形容：「那二十部嶄新的診療椅，排在北醫的牙科診所，就像二十部 F16，很壯觀！」

北醫因為買下這二十部嶄新的診療椅，成功提高了病人來洗牙的意願，病人還會「食好鬥相報」（台語：有好東西大家會口耳相傳），一個介紹一個，生意興隆！高年級的牙醫系學生可以在教授督導下幫病人實習洗牙，洗得認真又乾淨，洗牙順便補牙，學生有地方實習，醫院也有錢收。

22 高明談判手腕半價購置診療椅，讓學習與盈利雙贏。

「一開始買診療椅的那四百萬，很快時間內就回本了！」更厲害的是，當初謝孟雄還是以市價半價買到診療椅，不但幫廠商省下了12％進口稅，校長本人不拿回扣，也不需要廠商捐款給學校。他只是淡淡地說服廠商說：「你這次先半價賣給我們，先不賺，你看等這一百二十個學生畢業以後，要是他們在外面開業，每個診所至少買三部，每一個學生都是你未來的潛在客戶，以後就賺不完了！你要不要成交？後面還有兩家在等，我先找你喔，你趕快簽一簽！」

謝孟雄任內，不僅增加牙醫系的硬實力，也不忘提升軟實力。植牙技術那時在台灣牙醫領域還算非常稀有，謝孟雄就看到未來可預期的發展，特地邀請日本牙醫教授來北醫教導學生植牙的知識與技巧。

謝孟雄雖不鑽研經營學，但他時常謹記經營之神王永慶的名言：「失敗要找出原因，成功要找出方法！」他在北醫也體悟出一套自己的做生意三原則：第一最難，做一個獨一無二、唯你獨尊的生意，只賣最棒、最難的產品或服務，別無分店，到處買得到的東西沒有存在的價值，當然別人只能來跟你買；第二，要是做不到第一，就改做第二，第二不難，在品質上稍微超越對手 10% 就好，價格跟其他的對手一樣，消費者就會來跟你買；第三是做市場的第三，品質跟對方一樣好，不分軒輊，但是價格上壓低一點點，爭取價格上的競爭力，薄利多銷，消費者也會來跟你買。

不過謝孟雄說，他對於賺錢盈利確實沒有多大興趣，豐富的知識、卓越的思想、成熟的智慧對他來說更有吸引力。

23 凡事講真話、不說假話，終究會獲得賞識。

北醫校長任內來到第五年，謝孟雄拿出積極建設改革北醫的成績，前去面見當時行政院院長孫運璿，孫運璿在了解北醫先天不足、後天失調的現況下，指示教育部核撥兩千八百萬協助北醫建設。這是教育部第一次給私校補助如此高額經費，謝孟雄說：「那是因為我扭轉了北醫的危機，也同時替教育部解決了一個大難題！」謝孟雄在北醫五年的辛勤耕耘，當然也出現過雜音，就像這筆兩千八百萬天文數字，也有人質疑：「真有這種好康的事嗎？」

謝孟雄早在第二年就想蓋禮堂，於是規劃了「杏春樓」的方案，這棟建築物內部有禮堂、圖書館跟階梯教室。杏春樓動土典禮上，教育部政務次長李模特地出席。李模對謝孟雄說：「謝校長，這筆錢不容易啊！你要好好用。」

此話一出，謝孟雄心想：「這筆錢不好好用，難道我要『壞壞用』嗎？這話說得可真重！你講得這麼重，我就『應』回去。」於是他義正嚴詞地說：「報告次長，這筆錢若有一分一毫閃失，我立軍令狀，唯我是問！」軍令狀是中國古代軍中的切結書，嚴重到事情如果有差錯，可以直接把負責人給砍了的程度。

語畢，換李模大大震驚！

謝孟雄後來回想，其實李模這番話也沒惡意，而是提醒，但當時他年輕氣盛、不懼權威，竟在動土典禮上直接頂撞長官。李模足足大他二十多歲，不但在中央各大部會歷練，包括財政部、經濟部、教育部，夫人許婉清也是知名大律師。謝孟雄以為這番頂撞肯定完蛋了，沒想到動土典禮後的兩個多月，李模竟然主動打電話給謝孟雄說：「謝校長啊，我們幾個老人家有一個聚會，你能不能賞光？」他受寵若驚，沒想到李模竟然不跟他計較軍令狀的事，還反過來請他吃飯，於是馬上回覆：「報告次長，我準時到！」

原來李模夫婦，跟王作榮與范馨香夫婦，還有空軍總司令司徒福與司徒馮美玉夫婦，三對夫婦六個人約兩、三個月就聚會一次，商談國家大事，想聽聽年輕人意見。於是那個聚會從此就加入謝孟雄，變成了七人聚會。由於司徒福是廣東人，剛好謝孟雄也很會講廣東話，聚會兩人總是相談甚歡，司徒馮美玉當時是國際婦女會重要人士，她還找謝孟雄夫人林澄枝進中華民國婦女聯合會（簡稱婦聯會）。

謝孟雄心想，李模當時應該是欣賞這個年輕人「挺正派，不卑不亢、不拍馬屁、不怕權威，凡事講真話、不說假話」。謝孟雄相當感恩，李模、王作榮跟司徒福這些大長輩對待他就像是對待平輩一樣，聆聽他從基層做起的經驗跟社會觀察。

後來謝孟雄擔任監察委員時，王作榮是時任監察院院長，謝孟雄多次到王作榮家商談公事，會談之後，身為長輩的王作榮總是親自送謝孟雄到一樓。每每回味這段跟李模不打不相識的回憶，他在這些長輩身上感受到，無論輩分大小都尊重彼此專業的珍貴情意。

謝孟雄學校治理金句

- 「危機就是機會，轉危為安、逆轉局勢，對我來說很有挑戰性，力挽狂瀾，由負變正才有意思！」
- 「在困境中經營，沒錢，就要有沒錢的做法，第一步就是從亮點做起，從學生最有感的地方做起！」
- 「遇到複雜跟困難，多數人會避之唯恐不及，殊不知這是學習如何化繁為簡、和諧解決問題的最好機會。」

- 「民主投票有時會讓提案走向不能決也不能行的兩難，因此經營者要善用在民主討論過程中的獨斷。資訊公開，獨斷而不獨裁，是加速北醫改革的關鍵。」
- 「只要校長自己該省的省、該用的用，錢就擠得出來，就有辦法慢慢幫教授加薪，讓他們對教學保有熱情。」
- 「不帶自己的人馬，只有一位祕書同行就上任，不讓學校同仁有一朝天子一朝臣的感受。」
- 「為人正派，不卑不亢、不拍馬屁、不怕權威，凡事講真話、不說假話，終究會獲得賞識！」

24 生命中處處有貴人，推動營養師證照的營養學會理事長時光。

「政治這條路需要政通人和，我不想靠父蔭，我要做一個可以獨立不求人的人！後來才知道，我這個脾氣是需要一些貴人相助的。」

謝孟雄一生隨遇而安、不求名利，一輩子很多的經歷跟職位都不是他主動要爭取的，而是工作自己找上門的。很多人也許不知道，台灣會有營養師證照，是謝孟雄在營養學會理事長任內推動立法完成的。

一九七〇年代，台灣經濟正在起飛，當時民眾普遍對食物還是抱持「好吃就好」的想法，缺乏營養概念。實踐家專是當時台灣第一個成立營養相關科系的學校，那時叫「食品營養科」。一九七四年，時任行政院副院長的徐慶鐘，是日本時期帝國大學跟台灣大學的農學博士，也是謝孟雄的長輩。有一天，徐慶鐘把國內大專院校有營養科系的四校教授聚集起來，茶會參與的包括謝孟雄、黃伯超、董大成、宋申蕃、楊祖馨、陳尚球、陳懋良、鄭美英，結合營養、食品、農學、衛生跟醫學等領域專家。在茶會中，徐慶鐘宣布成立「中華民國營養學會」，直接提名並欽點最年輕的謝孟雄擔任第一屆理事長。

當時，在座的都是國內食品營養領域的大老，謝孟雄跟徐慶鐘報告，他的專業是臨床醫學，而不在營養，那時才四十一歲的他不敢擔此重責大任。徐慶鐘說，從日治時代他就覺得營養很重要，這一輩子要是沒有把營養學會弄起來，會死不瞑目。而且台灣當時已經有四個大專院校有營養科系，是該成立學會的時候了！徐慶鐘這段話、這個大願，讓謝孟雄頗為感動。

同時，徐慶鐘認為，專長在臨床醫學的謝孟雄是實踐家專的校長，學校設有食品營養科，現在成立了學會這個組織，加上在座教授們都是徐慶鐘的學生，「我『喊水會結凍』（台語：影響力極大，足以呼風喚雨），我覺得你來做，一定會成功！大家都同意嗎？那我們鼓掌通過！」徐慶鐘在茶會中主動提名、欽點謝孟雄為理事長。於是他在長輩一聲令下，半推半就地成為中華民國營養學會第一屆理事長，而且這個理事長職務還連任三屆，做了九年之久。

謝孟雄的重責大任，除了向大眾推廣食品營養的公共衛生教育觀念之外，最重要的就是推動「營養師證照」的立法。當年的立法院還是由所謂的資深民代、老立委所組成，老立委對營養的觀念是：「東西好吃就好了嘛！何必要營養？」因此營養師證照對老立委來說根本「多此一舉」、「不值一提」，導致證照立法的推動窒礙難行。謝孟雄在證照工作上推動了六、七年，立法院這關還是過不了，曾感到萬念俱灰，想就此放棄。

謝孟雄了解到是卡在老立委這一關，但他個性耿直、不喜叩頭拜託，這個臭脾氣也讓他吃足了苦頭。後來父親的好友、時任行政院政務委員高玉樹知道他在營養師證照推動上遇到難關，不捨這個年輕人努力這麼久卻徒勞無功。高玉樹跳出來說：「孟雄、孟雄，你不要洩氣，我來替你處理。」

高玉樹的政經地位高，與老立委們向來交好。於是高玉樹登高一呼，請立委諸公吃飯，因為這臨門一腳，營養師證照就通過了！謝孟雄非常感謝高玉樹的主動出手相助，因為「按照我的脾氣，要我去求他幫忙，我也不願意！」

他笑說，現在回頭看才了解，他的脾氣確實會需要很多貴人相助。營養師證照通過後，階段任務總算完成，謝孟雄馬上把理事長的棒子交給台大教授黃伯超，他跟後來幾屆的理事長還經常在實踐聚會，於公於私聯繫都很密切。

25

不是我想斜槓，這輩子我想要的只有醫生一樣。

「這輩子我想要的只有醫生一樣，其他都是長輩、長官要我做的，不是我一直在斜槓！」

一九六一年，謝孟雄獲考試院醫師檢覈合格，並獲聘為省立台北婦產科醫院住院醫師，實現了自中學以來的夢想，正式成為一位專科醫師。至於為什麼他選的是婦產科，後來又怎麼跨領域成為處理婦女泌尿的手術專家？一切都是機緣與好奇心促成。

謝孟雄還在高雄醫學院念書的時候，常常看到父親跟省立台北婦產科醫院的院長李士偉、副院長林柳新，相約到美而廉西餐廳喝咖啡，兩位醫界長輩對謝孟雄都非常和善。其中林柳新醫師對他說：「孟雄，你放暑假來我們醫院，來見習接生！」謝孟雄第一次看見嬰兒出生就在省立台北婦產科醫院，覺得非常震撼新奇。

自高醫畢業後，謝孟雄考上台北榮總附設醫院的外科，林柳新建議他直接到省立台北婦產科醫院工作，因為林柳新認為，相較於石牌，位於中山北路跟長春路口的省立台北婦產科醫院地點好、病人多。謝孟雄原本想進台大醫院，不過當時醫界門戶之見頗重，非台大畢業生想要進台大任職，非得選擇病理、放射或者公衛等相對冷門的科別才能進得去。

對於當時最熱門的內、外、婦、兒四科，謝孟雄心想，自己個性最適合外科、手也巧，考量到他對小孩子沒耐心，就刪去小兒科的選項，最後就是在外科跟婦產科中二選一。婦產科剛好有熟識的長輩可以帶著學習，在外面開業較容易，外科的發展則大多局限在醫院，相對來說婦產科可大可小、也有彈性。於是，最後謝孟雄就成了婦產科專科醫師。

26 要是夠聰明的話，重來一次會選眼科。

謝孟雄回想起這個選擇，笑說當年「很笨」。要是他像現在聰明，當初就會選眼科，「因為眼睛只有兩顆。也不會選牙科，因為牙齒太多顆！更不會選神經外科，因為開腦太難。」再選一次，他坦言不會選婦產科，因為婦產科風險很大，生小孩狀況很多，產科很難、變化很大，但很多人卻以為產科很簡單。「通常你要先有產科技術，才有機會做婦科，因為生完小孩的媽媽如果有婦科問題，一定會求助當初接生的醫生。」

謝孟雄赴美之前，病人很多、收入也不錯，安居樂業，卻總覺得少了一點什麼。他總想：要是能在年輕時去世界闖一闖才肯甘心，要賺錢的話可以日後再賺。於是一九六五年，謝孟雄與夫人林澄枝一起赴美深造。謝孟雄先在美國賓夕法尼亞大學醫學院研究所攻讀婦產科MD（Doctor of Medicine），隨後再到美國費城愛因斯坦醫學中心擔任病理研究員跟婦產科醫師，並於一九六九年學成返國。

學成歸國返台後，謝孟雄曾在台北婦幼中心擔任主任，兼任中國醫藥學院副教授，每週去台中上四個鐘頭的課，深受學生喜愛，全班三分之一的同學都因此要選婦產科。他平日晚上在敦化北路診所門診，也曾在北醫跟公保門診，最長的婦產科服務則是在新生南路附設謝婦產科，前後長達二十多年之久。

27 好奇心與觀察力，成為泌尿問題第一把手。

在赴美深造之前，謝孟雄病人很多，一旦赴美，病人就會流失，但回國後病人又馬上暴增，這是因為他在婦產科的獨到觀察與經營智慧。他觀察到產婦如果沒有請訓練有素的產科醫師，在生產時做適當處理，減少產道損傷，在生產後多半有陰道鬆弛的困擾，常會發生膀胱炎、漏尿等問題。

然而婦產科醫師在泌尿方面處理能力弱，若產婦去泌尿科求助，泌尿科醫師比較擅長的是處理男性泌尿、攝護腺問題，通常不會處理產婦的漏尿問題，所以泌尿科醫師會請產婦回頭去找婦產科。於是謝孟雄靈機一動，「既然產婦泌尿問題被婦產科、泌尿科兩邊推來推去，不如我來補這個缺。於是我到賓夕法尼亞學泌尿科，變成台灣婦產科泌尿問題的第一把手。」

時間回到一九六五年七月，謝孟雄跟夫人一同前往美東，他在賓州的長春藤名校賓夕法尼亞大學醫學院研究所，專攻婦產科；夫人則到紐約哥倫比亞大學就讀英語研究所。他從賓夕法尼亞大學畢業，留在美國費城的愛因斯坦醫學

▶ 完成博士學位後，謝孟雄獲聘為費城愛因斯坦醫學中心病理研究員與婦產科醫師。照片攝於 1967 年。

中心擔任病理研究員以及婦產科醫師。兩人在美國留學四年，深刻體會了美式教育與美式生活。前往美國留學時，謝孟雄沒有跟父親伸手拿錢，由於賓大學費非常昂貴，夫妻倆在美國極盡可能節儉地過生活，再次體驗困境中各種求生存的方法。

謝孟雄回想，剛到賓大讀書時，他的英文聽力還沒有非常好，老師上課全英文，能夠馬上吸收聽懂的部分有限，有些老師口音也很重，每天的課程進度一直往前走，該怎麼辦是好？他馬上想到自己有個專長是攝影，於是他拿著相機把老師上課的投影片全都用相機拍起來，課後將老師的資料洗出來以後，再去圖書館把原始資料印出來，一篇一篇仔細看，看個好幾遍。「我也許不是全班聽得最快、最懂的，但我讀得絕對比同學仔細很多！」他就這麼用攝影解決了上課的問題。

然而英文聽、說、寫的能力該怎麼增強？謝孟雄再度急中生智，他主動跟

▸ 謝孟雄與夫人林澄枝如願前往美國留學深造。照片攝於 1965 年費城。

教授馬伯赫提議：「我幫你寫病歷好不好？」猶太裔的馬伯赫沒有拒絕，於是謝孟雄就拿著病歷，逐一跟病人與家屬做訪談，話題遍及祖宗八代，天馬行空地聊，每個病人聊一到兩個鐘頭。「雖然我身分是學生，但我一樣穿著白袍做訪談，那時病人們心想：『這個醫生怎麼那麼好，那麼關心我，一次都聊這麼久！』還有七十幾歲老太太跟我聊，感動到流眼淚，但其實我是在學英文！」謝孟雄調皮地笑說。

他在病歷上寫正楷英文，端正到堪比印刷體，馬伯赫看了超級感動，從口袋中掏出十美元小費要給他。「我跟教授說『我不要』，教授說『不要小費，以後你就不要寫！不可以做白工！』」於是謝孟雄收了小費，繼續幫馬伯赫寫病歷，那張十美元小費放在口袋，特別踏實。相較於謝孟雄之前在台灣行醫月薪才三十美元，當時十美元幣值很大。

「一個人想解決困難，就要想辦法，我覺得沒有什麼東西難得倒我，我也不是輕易放棄的人。這次不行，我就一次一次不斷累積經驗，在那個領域就會慢慢達到一個境界。」謝孟雄充滿韌性的人生信念，不斷重複出現在他學習語言、醫療知識、拍照技巧、出書等各個方面。

謝孟雄說，在愛因斯坦醫學中心擔任婦產科醫師時，他自己跑去泌尿科找教授詢問：「我可不可以當你的助手？我想在旁邊學習。」教授一口答應他，於是謝孟雄跟在教授旁，學到第一把手的泌尿科技術。同時，謝孟雄也在愛因斯坦醫學中心學會了當時相當先進的無痛分娩技術。第一次切身體驗到無痛分娩，是太太在美國生二女兒文安的時候，「婦產科醫生做得很好，澄枝一醒來，寶寶就在身邊，不知道怎麼生出來的，竟然不痛！」謝孟雄跟林澄枝的四女兒出生之際，太太已經是三十九歲的高齡產婦，對生產有點緊張，於是謝孟雄親自接生，用80%的麻醉，微痛尚能忍住，產婦還可以自己用力，四女兒也順利出生。謝孟雄打算把無痛分娩的技術引進台灣，當時這技術在台灣確實會是個獨門生意。

28 金錢跟自由相比，自由明顯價更高。

回台後，謝孟雄的婦產科加上泌尿科技術，治療產婦的陰道鬆弛症果然是一枝獨秀，成為國內第一把手。只要三十分鐘的整形手術，手術一週可以出院，三天就不必導尿，可自行小便。這個手術可使子宮、直腸跟膀胱復位，讓陰道恢復到生產前的形狀，改善陰道鬆弛的症狀。在一九七六到一九八〇這四年間，謝孟雄就執行了一百三十四台這樣的手術，治好病人的尿失禁問題。整體來說，謝孟雄這個手術的成功率高達94%，很難被超越，並在太平洋婦產科研討會發表。

至於將無痛分娩接生引進台灣這件事，謝孟雄說：「如果我做無痛分娩接生，會變成台灣最棒的婦產科，也可以賺很多錢。但是這麼一來，我全部的時間會被綁死，二十四小時、三百六十五天都要 on call，隨時要去醫院接生，我不能做很多別的事，我喜歡的事實在太多了！我不能被綁死，因此四十歲以後我就不接生了，從那時開始，我做泌尿手術就好，這個手術沒有接生那麼緊急，可以事前安排，反正賺錢一向不是我的目的。」

29 被總統欽點為監委，不得已割捨最愛的醫師職務。

一九九三年，謝孟雄代表教育界優秀人選，由時任總統李登輝提名，經過國民大會同意任命後，成為第二屆監察委員，前後歷程六年。

六年間，謝孟雄提出共一百四十一件調查報告，內容包括七大類：醫療問題、教育問題、土地糾紛、法律案件、官商勾結、政府預算不當，以及百姓冤情陳情等案件。

在五十八歲那年擔任監察委員，是謝孟雄從未想過的斜槓身分，他在就任前猶豫再三，因為一旦成為監察委員，就必須完全放下醫師的臨床工作。一來，醫師是謝孟雄最愛的身分，從二十八歲做到五十八歲，必須放下讓他痛苦萬分；二來，他認為自己並沒有法律背景，怎麼查案？

當李登輝提名他，他不敢當想要回絕，李登輝說：「醫界大家都推崇謝某人，品德跟社會形象都沒有人反對，你不當，我找誰啊？人家是求之不得，你現在是在ㄍㄧㄥ（台語：硬撐、逞強）什麼？」李登輝當時語氣微慍。

謝孟雄急忙解釋一番：「不是這樣的。報告總統，由於我沒有法律背景，要去查案，查貪汙、違法、違憲，學法的人比較適合，我學醫的，只怕不能勝

▸ 擔任監察委員是謝孟雄這輩子未曾想過的事。照片攝於 1996 年監委辦公室。

任，會辜負您的美意。」李登輝認為這全都是託辭，拍桌子用台語答道：「我也不曾當過總統！」謝孟雄翻譯李登輝未說出的弦外之音其實是：「你只要去做就會了啊！」

李登輝後來也沒有跟謝孟雄說「你回去考慮看看」，他的意思是「我派你做，你就做！」謝孟雄說，由此見識到了李登輝直率的真性情。

第四章 不羈藝術魂

為美好事物
留存片刻光景

打開雙北市圖網頁的館藏圖書，搜尋「謝孟雄」三個字，除了可以找到他對醫學、教育、社會工作等相關著作以外，還可以找到以謝孟雄為作者、數十本的藝術創作書籍，內容橫跨攝影、藝術、旅行、建築等領域。

明明謝孟雄的專業是醫學，卻格外熱中藝術，喜好以藝術主題著書。友人稱他內建文藝復興時代的藝術魂，絲毫不假。除了他本身就是個好奇寶寶，瘋狂喜愛閱讀、飽覽群書以外，藝術特質更是來自母親潘影清跟父親謝東閔從小給他的身教與啟蒙。

謝孟雄常揹著相機走天下，也舉辦過多次攝影展，獲得專業與非專業人士的肯定。他擅長的是動態舞蹈的舞台攝影，可將舞者曼妙的舞姿拍出油畫般的風貌，連攝影大師郎靜山都稱讚他神乎其技。

▸ 謝孟雄多才多藝，肌肉骨骼的解剖素描也是信手捻來。

30 四處逃難的歲月，有什麼東西比相簿更重要？

攝影這件事，謝孟雄從很小的時候，在中國四處逃難的歲月就開始與之結緣。在那段四處為家的日子裡，很少能帶上什麼家當，不僅是由於避走他鄉時經常事出緊急，根本沒時間收拾，也是因為搭乘各種交通工具時常有行李重量與空間限制，命才是最重要的。即便如此，謝孟雄記得「別的都沒帶，媽媽只堅持隨身帶著一本相簿，她說：『有什麼東西比相簿更重要？』還好媽媽有堅持，因此現在還有一些小時候的照片可供回憶。」隨身的這本相簿對他影響很大，讓他自小就對攝影感興趣。

謝孟雄不只一次說，小時候他根本不知道什麼是逃難，那時候覺得只要有媽媽在就好，所以他很黏媽媽。媽媽很疼他、照顧他，直到他八、九歲大，早就不是小寶寶都還是跟媽媽睡，甚至他還喜歡抓著媽媽的手才能入睡。

謝孟雄的母親潘影清生於廣東東莞縣，成長於蕪湖，自幼愛好音樂，就讀於廣州音樂學院，不但喜好音樂、美術，氣質出眾、皮膚白皙，也深諳廚藝跟縫紉，會織毛衣，還會插花、刺繡、繪畫。在桂林的日子裡，母親為了賺點家用，還去買成人的衣服，自己改設計成童裝，在市場擺地攤賣衣服。

謝孟雄記得，母親個子小小的，穿著自己設計的衣服拍照，看來新潮又摩登，「媽媽大概三十歲以後身形變得稍微福氣一些，不像是廣東人都黑黑瘦瘦小小的，她反而比較像是上海的有錢人家，光復後她常到衡陽路日本商店買東西，因為媽媽長得漂亮又有氣質、皮膚白皙，當時衡陽路的日本人都很喜歡她。日本人返國前還想把衡陽路店鋪都送給媽媽，但媽媽不敢要。」

因為母親畢業自音樂學院，有藝術天分，常教謝孟雄唱童謠，包括蘇聯童謠、日本童謠她都很在行。後來到了台灣，健談、樂觀、開朗、直爽又好客的母親結交了許多藝術家、音樂家、影藝圈的明星好友，像是康華、張美瑤、張小燕等人都曾出現在謝家，她們都很親切的稱呼潘影清為「媽咪」。由於母親對藝術廣泛的愛好，使得家裡大大小小各自在工作之餘，都有一、兩個嗜好。大家都喜歡唱歌，歌藝也普遍很不錯。

來台後，謝孟雄十二歲那年開始真正接觸相機。他記得有一個菲律賓華僑想要追求阿姨，帶了一台相機送給他，想要跟他拉近關係。菲律賓華僑是屏東糖廠的工程師，人很聰明，教他單面曝光的技巧，讓一捲原本三十六張的底片，可以拍到七十二張。

> 31
> **美景不能等，按下快門就要一槍打中。**

▸ 十二歲那年，謝孟雄開始接觸相機，從此玩了一甲子的攝影。

從十二歲開始拿起相機，謝孟雄自學、自己玩，一拍就是六十年。以前他還有間暗房，裡頭都是不感光的紅色光線，他自己洗黑白相片，可以玩到天亮，十分過癮。他擅長拍攝的主題，除了家人（尤其是太太）、歐美博物館的名畫、各國建築、風景以外，他最鍾愛的就是舞蹈表演，像是芭蕾舞、探戈到弗朗明哥舞，他都深深著迷，甚至飛到俄羅斯莫斯科、南美洲、南歐、西班牙去拍攝。

他最愛拍、也最不好拍的就屬「芭蕾舞」了。他猶記有次帶小女兒文珊去看一場芭蕾舞表演，芭蕾舞最美的時刻是靜止無聲的，他也知道拍攝場上芭蕾舞表演要非常精準，因此他不斷精進自己一槍命中的功力。雖然有時場地很正式，甚至規定不能拍照，而且在鴉雀無聲之際，如果有人按下快門，會發出突兀的「喀嚓」一聲，但那次舞者的表現實在太美了，讓他忍不住想拍個一、兩張，於是他就按了幾次快門。

▸ 謝孟雄熱愛攝影，隨時都可以拿起相機拍照。

「就在按下快門的當口，文珊旁邊有個人湊近問說：『那個拍照的（用手指著謝孟雄）是不是你爸爸？』這時可愛的文珊心想，說『是』不太好，說『不是』也不對，超級尷尬。於是文珊只好答：『我不知道！』我快速拍完以後，還要假裝沒事繼續看表演！」語畢，謝孟雄忍不住哈哈大笑。

隨後父女倆走出表演場地時，憋了很久的文珊才告訴爸爸：「你不要再拍了！」他只好尷尬笑著跟女兒道歉。

謝孟雄辦公室有一張像是外太空的畫作，其實是他從日本回台的班機上，用手機拍下的美景。當時飛機起飛半小時，高度已經上到三萬英尺高空，他往窗外一看，飛機在雲層之上，時間點剛好是最後一道晚霞，「當下你是沒有時間猶豫的，因為飛機一直在移動，窗戶玻璃還會反光，機艙內又有小燈干擾，我抓穩了手機，毫不猶豫用隨身手機按下快門，才拍下這個如畫一般的美景。你看看，是不是好像有一個漁夫在裡頭釣魚的意象。美景都是不能等，這個景一分鐘以後就消失了。」他得意地說。

還有辦公室走廊入口處有一幅莫內名畫《睡蓮》，是謝孟雄從法國巴黎的奧塞美術館拍回來、直接放大一千倍的相片，效果非常類似油畫；其他還有一幅林布蘭的《夜巡》，是荷蘭阿姆斯特丹博物館的鎮館之寶。謝孟雄記得，他去的那天，館內參觀者眾，因此無法靠近原畫，館內雖可以拍照，但為了保護原畫不褪色，光線非常昏暗，且不能使用腳架以及閃光燈打光，因此他站在離原畫約十公尺左右，穩住手按下快門，回來洗相片時，發現這張焦點居然沒有跑掉，「我拍到大家都以為是真的！」語畢他又露出調皮的笑容。

> 32
> **明明有一條簡單的路可走，他偏偏堅持靠自己。**

▸ 拍攝芭蕾舞表演現場的照片，是謝孟雄最有成就感的作品。

一九九三年，當時芭蕾舞界最受推崇的俄羅斯知名舞團波修瓦芭蕾舞團(Bolshoi Ballet) 剛好來到台灣國家歌劇院，表演知名舞碼《天鵝湖》，謝孟雄夫人林澄枝時任文建會主委，喜歡拍芭蕾舞的謝孟雄其實只消跟太太說一聲，請人去打個招呼，舞團不用說一定會賣個面子，他便能輕鬆到場內去拍照。不過按照謝孟雄的性格，不會走這條輕鬆的路，而是單刀直入，直接去找舞團總監交涉，提出想要拍照的請求。

「我記得總監上下打量了我一番，內心大概是想說：『你何許人也？憑什麼要讓你拍？』我立刻送上一本自己拍的芭蕾舞攝影集，告訴總監我拍芭蕾足足拍了三十年，總監看了以後眼睛一亮，馬上答應。」攝影集的照片有些是在預演的舞台上拍攝，有些則是在攝影棚內拍攝，謝孟雄最擅長拍的是舞台上的正式表演。「因為對芭蕾舞者來說，台下有沒有觀眾是差很多的！沒有觀眾的預演，只是比個台步樣子，等到台下有一大群觀眾聚精會神觀看的時候，舞者眼神激發出的神采會完完全全不一樣，總監有看到我把舞者的眼神都拍出來

▸ 舞蹈動作轉瞬即逝，讓謝孟雄練就「一槍命中」的功力。

了。他眼睛亮起來，我就知道有希望了！」

總監說：「可以，但是我有一個條件。拍完的時候毛片要給我一份！」謝孟雄一口答應：「I promise.」隔天拍完天鵝湖，交出母片，總監非常激動地拜託他繼續幫忙拍《唐吉軻德》，於是他又連續拍了兩天。

交出第二組母片給舞團時，由於當時波修瓦舞團的國家級首席舞者妮娜（Nina Ananiashvili）實在表演得太棒了，於是謝孟雄特地再加洗了另一套整組相片送給她。妮娜收到以後非常興奮，她認為得到了一生中最好的照片，當場就把腳上的芭蕾舞鞋脫下來相贈，讓謝孟雄超級無限感動，雖然貴為國家級舞團名伶，他深知俄羅斯舞蹈家的薪水並不高，他請妮娜在鞋子上簽名，「有種寶劍贈英雄的感覺！現在那雙鞋還在我家好好地保存著。」

從拍芭蕾舞一事，再次清楚看出謝孟雄凡事靠自己的風格。明明有一條很簡單的路可以走，他偏偏覺得這樣做沒有價值，堅持不靠人情、關係，他非得

▸ 謝孟雄鍾愛拍攝舞蹈表演，辦過多次以舞蹈為主題的攝影展。

親自去交涉才行，也因此得到了一組極好的作品，同時獲得專業舞者的認可。

謝孟雄說，一九九三年以後，他就再也沒看過比波修瓦舞團更好的芭蕾舞演出，從此不再拍芭蕾舞，打算找另一個題目來再創高峰，於是改拍探戈。他飛到南美洲阿根廷，又拍了將近二十年的探戈；探戈之後想拍佛朗明哥，就到西班牙本地去拍，卻意外發現鬥牛被立法禁止，因此佛朗明哥逐漸沒落，於是他才覺得夠了。玩了一甲子的攝影，用過日本、德國各種相機跟鏡頭，他總結道：「玩攝影眼力要好，反應要夠敏捷，才能夠當機立斷。現在我視力只剩下〇．六，早已封機了。」

隨後謝孟雄又指向辦公室另一張芭蕾舞者的相片開始解說，這位舞者在《天鵝湖》舞碼中一人分飾兩角，同時是黑天鵝，也是白天鵝，衣服也是黑、白兩色，拍攝當下她的角色是黑天鵝。「你走到相片前面，從各種角度看她，都可以發現她的眼神一直在瞪著你呢！」

▸ 從各個角度都能與觀者對視的舞者照片，是謝孟雄的得意之作。

33

勤勞是快樂的關鍵，能自己來就不假手他人。

除了舞蹈，謝孟雄也曾出過幾本書，從內容、文字、照片、裝訂、目錄編排到印刷裝訂，都是他一手包辦。以建築書《日本當代建築之旅》為例，這本書是當初為了要規劃實踐校園，不能憑空想像，因此他在二十年內深度走訪日本各大建築三次，實際參觀日本各地知名建築物，採訪了頂尖建築師，集結而成的作品集。

為了研究日本建築，謝孟雄見過安藤忠雄、伊東豊雄跟妹島和世等知名建築師，甚至邀請伊東豊雄到實踐大學演講，「他為人客氣、文質彬彬，一九四一年出生於韓國，當時實踐設計大樓擠進了兩千多個聽眾，滿坑滿谷，相當轟動。」謝孟雄十分欣賞安藤忠雄的清水模建築，對日本各地知名建築如數家珍，記憶好似才剛參訪回國一樣的新鮮。這本書後來被實踐的老師帶去義大利交流，獲得高度迴響，義大利佛羅倫斯藝術學院的院士甚至想要邀請作者去演講，謝孟雄說雖然書裡頭的照片都是自己拍的，文字也是自己寫的，但最後以自己專長背景並不是學建築的而謙辭邀請。

「這本建築書我是完全自己編排，裡頭的全彩照片多於黑白，文字較少，目錄是參考國外旅遊書的排法，以小圖跟文字並列。還有一個重點，這本書裝訂方式不是一般的騎馬釘、膠裝，而是少見的穿線法。穿線雖然成本高一些，但是翻閱的時候中間不會翹起來，不影響閱讀流暢度，而且外殼是選擇軟殼、不是硬殼，我自己出的書非常講究。」

他閱讀大量書籍的時候，不但吸收文字內容，也會順道研究這些書籍的製作細節，了解背後的成本考量，像是裝訂方法、照片用彩色跟黑白印刷的價格差異、編排特色，等他自己要出書的時候就能用上這些知識。

謝孟雄謹記父親的格言：「勤勞是快樂的關鍵。」萬事能自己來就不假手他人，因為凡事親手做，又可以順便學到很多新鮮的知識，自己出版的書籍也是不斷精益求精。謝孟雄還牢記父親的三個生活習慣：禮貌、整潔、物歸原處。禮貌跟整潔是父親從日本文化習到的好習慣，日本這個國家就連鄉下都乾乾淨淨，榻榻米一塵不染。日本居住空間雖然狹小，但因為擁有良好的收納習慣，白天一家人可以生活在小小的二十坪空間裡，同樣享有寬敞的客廳，可席地而坐，晚上再將櫃子內的棉被、枕頭拿出來鋪床，很會利用空間。

物歸原處也是從小父親教導的生活習慣。東西從哪裡拿、就放回哪裡去，像是出門必備的手錶、錢包跟手機，都習慣放在某處，如此一來出門時就不用到處找。謝孟雄的高等教育理念就是要教學生規矩，尊師重道、勤勞、良好的生活習慣，做到這些要點就能改變一個人的氣質。

無論是攝影、藝術、美學等跨領域大膽嘗試，除了是因為謝孟雄自帶好奇基因，對不認識的事物保持新鮮開放的態度，更是因為他篤信一勤無難事，人生有太多值得探索的事物。

謝孟雄想到自己一生的經歷，面對難題他不輕易放棄，這次不行，就一次次不斷累積經驗，像是謝孟雄之於攝影，多年累積就能達到一個境界。他認為時間就是人生，時間過了不能重複，「有時我看見年輕人在浪費生命，會覺得好可惜，他們恐怕要等到中年才會覺悟，自己有多糟蹋生命，懊悔當年為何不好好珍惜。」

第五章 開創實踐

打造台灣設計界的哈佛大學

有別於台灣其他都會型大學，以高牆與社區隔絕，牆外被夜市攤販小吃所占據，位於大直的實踐大學是一所沒有圍牆、沒有大門的大學，被大直靜謐的社區街道環繞，充滿大學城的氣氛。校園後方傍著劍潭山，可直通劍潭山親山步道，時常有大冠鷲造訪校園上空。學校實際基地相當狹窄，卻有著完整的校園整體規劃，清水混凝土建築處處散發統一優雅的現代低調感風格，這一切都是來自堅持「境教」的謝孟雄。

一九五八年父親謝東閔創立實踐家專時，定位為台灣第一所「家政專科」學校，中間一度是以培養賢妻良母的「新娘學校」著稱，然而現在只要提到服裝設計、建築設計跟工業設計等相關領域，台灣人腦中浮現風格最強烈的優秀設計大學，就非實踐大學莫屬了。

如今，行走在實踐校園、大學城附近街道上的，大多是全身黑衣黑裙、高馬尾、前衛濃黑眼妝、戴著多個金屬耳夾，以IKEA超大藍色收納袋後揹著

▶ 國家建設研究會於 1989 年拜訪實踐家專，謝孟雄時任校長。

半身假人模特兒，趕著去上課的服裝設計系男、女學生。當他們行走在清水混凝土的東閔紀念大樓前時，真的會讓人產生一種「這是在拍偶像劇嗎？」的錯覺。事實上，這些漂漂亮亮的年輕男、女學生們，在學校的木工、金工、焊接工廠實習課程，也能像工廠學徒般熟練地操作圓盤鋸、磨砂機，拿著巨型釘槍豪邁地工作，那種場景超越了我們對現代年輕人柔弱花樣的刻板印象。不過，校園內的東閔紀念大樓、圖資大樓、設計教學大樓跟體育館，也確實是各大偶像劇跟劇組拍戲的知名場景。

34 完整校園整體規劃，清水混凝土現代低調風的境教。

實踐大學於一九九七年正式改制為大學，連英國女建築師哈迪事務所的人來參觀都讚不絕口，認為即使在英國也少有如此設計感十足的都會型校園。學校建築包含東閔紀念大樓、設計教學大樓、圖資大樓、體育館，都是由國內知名建築師姚仁喜與他的大元建築工場團隊所設計，設計大樓甚至獲得二〇〇四年遠東建築特別獎肯定；而由室內設計師陳瑞憲所設計的圖書館內裝，也被譽為是國內最美的圖書館。

實踐大學的校園風格是如何脫胎換骨的？這要從二十多年前某一天，謝孟雄在民生東路意外看見大陸工程總部大樓，從那一刻開始，他就被清水混凝土跟純鋼構的結構體給深深吸引。「我看到的時候心想，哇！怎麼會有這麼漂亮的建築，一心就想要認識這位建築師姚仁喜，請他來幫我設計實踐的東閔大樓。」

剛好那時有一個學校即將改制成大學的重要時機點，謝孟雄想要為實踐設計一個獨一無二的大門，也想展現一種迎賓門的氛圍，用穿透的方式連結校園跟社區。年輕時的他曾在紐約看過紐約流行設計學院（Fashion Institute of

Technology，FIT）大樓的挑高設計，也在巴黎看過拿破崙時期的舊凱旋門與新凱旋門，於是就跟姚仁喜談及這個構想。兩人為了這個構想，設計圖改了又改，如果從大門口進到東閔大樓，直線通道最多只能做到三十公尺景深距離，謝孟雄堅持景深的重要性，因此姚仁喜再改了一次圖，最後改用斜的通道，將景深拉長為七十公尺，兩人總算達成了共識！

接下來姚仁喜提到：「為了配合七十米景深，我建議挑空四樓，你願不願意？」若採用這個方案，商業角度上將損失很多樓地板面積，然而謝孟雄想起紐約ＦＩＴ大樓挑空三層樓做通道的氣勢，於是答應了姚仁喜的提議，才造就了今日所見，樸實無華、線條明快的清水模及採光良好的遮陽板，四十五度斜向步行動線、挑空四樓、景深拉長的大氣勢設計。大樓於二〇〇〇年九月動土施工，建築主體以摒除裝飾的清水混凝土施作，結合逆打工法以節省建造時日；教室隔間以本色水泥磚疊砌，配上素色的鋁材、鋼材及玻璃，提倡大學建築應有的沉澱自省與樸實無華的精神。雖然東閔紀念大樓採用了最素樸的材料，但這些材料都必須以最專注、認真與謹慎的工藝手法，才能呈現。

35 建築追求簡單不複雜、樸實無華之美。

另外，設計教學大樓為了縮短工期，同樣採用逆打工法，以鋼骨鋼筋混凝土結構（SRC）、地下室與地上層結構建築同時開挖施工方式進行，並為國內首棟完全採用清水混凝土營造之建築物，對建築團隊來說是一個相當嚴峻的挑戰。因為板模拆除即是完成面，不再以磁磚或其他敷面美化，展現出美麗的原味線條與質感。進入整棟建築物時可以看到，外廳與迴廊間十八公尺挑高的格子梁天花板，搭配廊道上鋁格柵天花板散出的柔和黃光，在剛毅中以顯柔和。

▸ 東閔紀念大樓的建築外觀，體現了謝孟雄所追求的樸實之美。

教室天花板採用原色鑽泥板吸音，地板則以白色較大顆大理石磨石。還有體育館及圖資大樓，同樣是由姚仁喜監造完成，在二〇一二年雙雙獲得台北市都市景觀大獎首獎及設計大獎。

體育館跟圖資大樓顛覆了傳統教學空間應有的格局跟秩序。體育館跟圖資大樓藉著一凸一凹的空間廣場互相對話，一動一靜展現了獨特美感，以相同特色外牆質感面對中庭綠地。中庭綠地上不規則造型的地下室採光井，表現了在規則校園配置限制下的奔放潛能。兩棟建築都有戶外階梯直達三樓，成為校園中的公共空間，學生可以從別棟建築的空中走廊進入這些區域，展現了實踐大學內各種流動與開放性。

36

校園也需要呼吸，左右各一塊草坪，就像是左右各一個肺。

學校基地已經夠小，然而校園內卻存在兩大塊青青草坪，為校園保留了視覺通透感，也增添許多校園日常趣味。比方說行政教學大樓前的草坪上，常常可見實踐大學附設幼兒園的小朋友們穿著圍兜兜，用可愛小短腿在草坪上快樂奔跑、踢足球；走到校園更裡面，圖資大樓跟體育館中間的大草坪，則是常有設計學院的畢展裝置跟各種活動舞台，下課時則有很多學生在此野餐、討論課業，其他像是曬太陽、拍畢業照的也不在少數。

當初若是規劃在這兩塊草坪上改建兩棟漂亮大樓，絕對增加不少校園可用空間，但浪漫如謝孟雄說：「地下的東西不容易被看見，其他大學都會盡量往上蓋，這樣別人才看得見啊！但要是這邊還要往上蓋，不就破壞我的美感嗎？從空中往下看，校園裡頭左右各一塊綠色草坪，就像是左右各一個肺。校園也需要呼吸，只要定期修草就好了。」謝孟雄解釋，NB棟是N棟往下挖的地下空間，這個部分是模仿安藤忠雄的做法，把陽光空氣都引進去，N棟地下空間變成學校辦國際研討會跟活動的重要場合。

「實踐大學是台北市最乾淨的大學，因為校內沒有任何機動車輛，汙染源都進不來。我希望學校看起來很精緻，不貼任何磁磚，甚至連油漆都不要，油漆中的鉛會毒害幼兒的大腦，所以教室內都用甘蔗板，校舍用水泥磚，水管也採用明管，清清楚楚很好管理。我喜歡簡單，不愛複雜。」曾有香港遊客告訴謝孟雄，不管白天、晚上來實踐看都覺得特別美，是世界級、小而美的建築。

為了成就這個「簡單、不複雜」，四十多年前包下謝孟雄辦公室牆面的師傅可吃了不少苦頭。由於他非常討厭表面做假、敗絮其中的磁磚，所以辦公室牆面堅持使用斬石子工法。師傅純手工斬牆面，兩個人輪流，斬了一個星期才完工，而且兩個師傅手法不同，斬出來的花紋不一樣，「我跟你說這個用手斬，手真的會很痠，現在大概已經沒有師傅願意接這種工作了！但是你看，四十幾年前看跟現在看，幾乎一模一樣，完全不用保養。我就是喜歡這種歷久彌新的感覺，現在再看一次東閔紀念大樓，也是跟剛做好的時候一樣！」謝孟雄每次介紹斬石子牆壁就會眼睛發亮。

▸ 謝孟雄堅持保留大片草坪，讓校園好好呼吸。照片後方為興建中的體育館，攝於 2009 年。

37 好建築必須具備機能性、經濟性與藝術性。

認真講起對實踐校園硬體風格跟所要塑造的整體氛圍，謝孟雄認為，建築最終講求的是使用功能。好的建築應該要具備「機能性、經濟性、藝術性」三項要素，它們互相制約，缺一不可，而且應該和諧共存。機能性指的是，建築機能是建築的主要目的，它必須在物質、社會和精神方面同時滿足使用要求。現代主義建築的代表人物柯比意等也不斷強調：滿足功能需求是建築設計的首要任務。建築物要在符合業主需要的前提下，善用各種施建技法，賦予各類建築的多樣性與功能性，以滿足城市建設和環境規劃的要求，以及人們生產、生活、文化等活動和審美的需求。

第二個經濟性則是，在經濟條件的衡量下，建造符合各項技術經濟指標的建築，以降低造價，減省不必要的支出和浪費。建築物的耐用年數應該盡可能延長，其在建造規劃設計時就必須充分考量和設定，並經由適當的施作、使用和維護管理，減少維修，使其生命週期的資源、能源和成本耗損盡可能降低。

最後也是謝孟雄最在意跟堅持的藝術性。什麼樣的建築才是美的？各個時代或建築派別對於美有不同的看法和解釋。建築或可視為顯學，沒有神祕可言，但如何在其中注入文化素養，涵容美學元素，則是一門學問，需要時間的累積與淬鍊。藝術性之於建築，必須被認真對待，雅致、耐看、純質、真實，只會增加美的效果，從樸素中可見典範，讓生活和活動於其中的人們時時刻刻都能浸染藝術的氛圍。

為了好好研究建築這門美學的內涵，當年謝孟雄特地跑了日本三趟，不厭其煩、追根究柢的查訪歷史、地理資料，除了仔細觀察、拍照，回去更認真研究了丹下健三、黑川紀章、安藤忠雄、伊東豊雄、妹島和世和藤森照信的建築，回來之後更用圖文並茂、簡潔易懂的方式出版了一本建築書《日本當代建築之旅》，除了內容豐富、資訊扎實，圖文、目錄等俐落排版更是不亞於市面建築書的水準，曾有義大利佛羅倫斯藝術學院的院士想要邀請這本書的作者去演講，謝孟雄謙虛以自己專業非建築而推辭了。

謝孟雄對於安藤忠雄跟伊東豊雄的印象最為深刻。實踐大學曾邀請伊東豊雄到校演講，他記得設計大樓來了兩千多個聽眾，擠得滿坑滿谷，相當轟動。伊東出生於韓國，文質彬彬、為人謙虛客氣，伊東跟妹島原本是合夥人，曾獲得普立茲獎；安藤忠雄的學歷只有高工，自學建築，謝孟雄最為欣賞安藤的清水模。

安藤的建築觀是永恆，善用混凝土、木材等材料，以純粹幾何為創作手法，創作特徵是陰鬱、光影漸層、極簡、灰色；而伊東的建築觀是暫時的，善用鋁、金屬跟玻璃等材料，以有機造型、非線性幾何為創作手法，創作特徵是穿透模糊、瓦解內外、從極簡禁慾到繁複有機、銀白色。謝孟雄認為，每個建築師都有其獨特風格，身為業主如果有特定想法，也要跟建築師溝通可行性，有些業主不懂建築風格，反而認為只要有錢就可以指揮設計，這樣一來建築師就無法發揮長才。

仔細觀察謝孟雄治理實踐大學的方向，確實反映了很多他的堅持，在環境教育方面，他追求美感、極簡、永恆、做到最好的設計；在校園規劃層次上他打造了一個其他學校難以企及的高標準；在教學方面，如今少子化的年代，許多大專院校招生不足，甚至收校退場，但謝孟雄在二〇二二年向教育部申請設立法律系通過，隔年開始實踐大學法律系的第一屆招生。談到設立法律系的由來，他認為跟過去曾任監察委員的經歷很有關聯。

38 國家要富強，民主、自由、法治缺一不可。

謝孟雄解釋，監察院的工作是監督，就好比人類的免疫系統，免疫系統如果好，人就百病不侵。同理可知，如果我們有了完善的章法跟制度，再選出優秀的人選，那麼國家治理跟運行就會順利許多。他舉台灣、新加坡跟香港三個國家為例，依照面積大小、所在位置、人口數多寡、發展歷史悠久程度，台灣照理說都比新加坡條件好很多，新加坡的面積才七百三十五平方公里，比台北市大兩、三倍而已，人口數只有五百萬，台灣人才比他們多，歷史更是悠久。新加坡一九六五年脫離馬來聯邦，說實在是被踢出來的，新加坡被逼著獨立出來，當時的一州之長李光耀，一夜之間變成了一國總理。李光耀是學法律出身，當時高喊新加坡要建立一個很有法治的國家。

若以民主、自由跟法治三個切面，來比較香港、台灣跟新加坡，香港過去是英國殖民地，擁有自由、法治但是不民主，台灣有民主、自由，甚至太民主了，連批評總統都可以，但台灣法治精神低落，執法程度也不足。台灣各種法律俱足，但是很少人遵守。謝孟雄在監察院看到，台灣早年確實有那種「有錢判生、沒錢判死」的法官存在，法官濫用職權，當年他們在監察院彈劾了二十三個法官。法官雖是獨立審判，但監察院收到檢舉案，就有調查權，可以深入調查有無腐敗、貪汙，查有事實就送公務人員懲戒委員會去裁決。至於新加坡，法治很嚴格，也有民主，但自由被限制得很多，不能吐痰、吃口香糖，當個循規蹈矩的新加坡人才可以感受得到自由。

從經濟發展層面看，台灣人均ＧＤＰ是三萬兩千美元，新加坡則高達八萬四千美元，荷蘭是五萬七千美元，這些國家經濟都比台灣好，台灣只比東南亞國家好，連沒有天然資源、只有陽光跟沙漠的以色列都有五萬四千美元。謝孟雄認為，一個國家要富強，民主、自由跟法治三個重點一定要提升跟落實。

法治面，法律要訂得完善，不要繁文縟節，要化繁為簡，條例不用多，但必須要清清楚楚，否則人民難以遵守；法官除了透過考試遴選出優秀人才，品德更為重要。制度好、法官正直，人民自然會守法。否則犯法的人只要拿錢賄賂法官，有特權的人就無罪；假使法官很公正，審判就沒話說。

「這是我想要創辦法律系的原因之一，不敢說是要改變，而是種下一顆好的種子，本校的法律系要特別重視學生的學識跟品德。」他認為法官本身就要博學多才，因為這是攸關人權、尊嚴的大事。新加坡制度面很完善，人民守規矩；香港過去依循英國的殖民地法律，行政效率跟法律完善度都有高水準，相較起來像是拉丁美洲、南美的貪腐狀況就比較嚴重。他堅持，法律系最重要的就是師資，品德需要身教，強大的教授陣容就是學校的強項，「實踐法律系若是辦得好，就是為台灣社會種下一顆顆好的種子，我身為董事長就會安心又開心。」二〇二四年教育部正式通過了實踐大學法學院的申請，未來將打造更豐富的法律相關科系學習環境。

第六章 人生價值觀

呼應猶太經典的處世智慧

▶ 再忙也要吸收新知，謝孟雄的辦公室總是堆滿各式各樣的書本。

謝孟雄的辦公室桌上總是堆滿了書，他跟父親一樣都很喜歡閱讀，看書速度可快可慢，除了辦公室桌上跟地上堆成小山高的書本，家裡沙發、椅子旁也堆了很多書，他堅信「人不可能什麼都懂」，這些「待看」的書堆有些是他以前並不特別感興趣看的，像是哲學類、資訊類都有，現在沒事他就會隨手拿起一本翻一翻，試圖接觸一些新的領域，要是看不下去就換一本，遇上喜歡的就會慢慢讀。

39 解決困境、不輕易放棄；累積經驗、有所創新。

謝孟雄還有一個吸收新知的習慣，是以鉛筆在書上畫線，做重點摘要。他若是去參加座談會、演講，或者跟有學問的學者朋友談話之後，習慣在小本子上做摘要筆記。之前，謝孟雄與教育學博士陳龍安有一番關於創造思考的談話，他隨即拿筆寫下摘要給陳龍安過目。摘要寫著：「解決困境、不輕易放棄；累積經驗，有所創新。」陳博士說：「Surprise!」讚賞他短時間內摘要精華的能力。

最近他偏愛的書籍有《塔木德》、《道德經》、《孫子兵法》等。他忍不住大推猶太千年以來的聖經《塔木德》。「在美國的時候，我跟猶太人一起生活好幾年，相當欣賞他們！這本《塔木德》等於是猶太文化的第二部聖經，記錄他們如何致富的民族智慧。」謝孟雄滔滔不絕地說，《塔木德》不只講致富，也包含猶太人的宗教、律法、處世、歷史、文化，是兩千年來淬鍊出的價值觀智慧結晶。

在遇見猶太人之後，謝孟雄聯想到自己人生所展現出的強韌不撓精神，跟猶太精神高度重疊，因而對這本書的內容特別熟悉與認同。

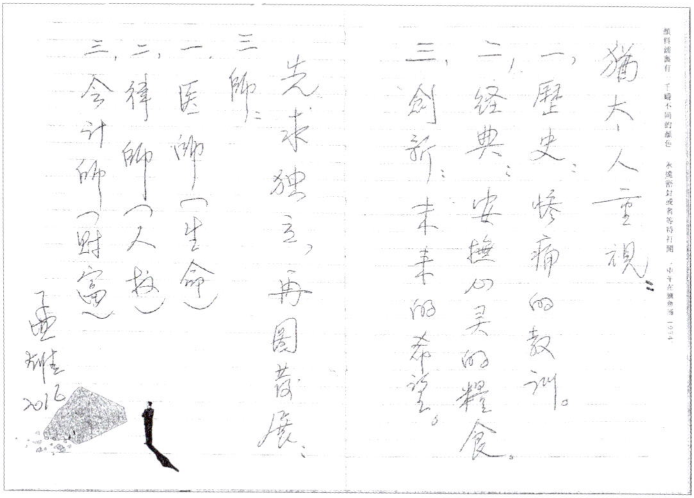

猶太人重視：
一、歷史：慘痛的教訓。
二、經典：安撫心靈的糧食。
三、創新：未來的希望。
先求獨立，再圖發展。
三師：
一、医師（生命）
二、律師（人權）
三、会計師（財富）
孟雄
2016

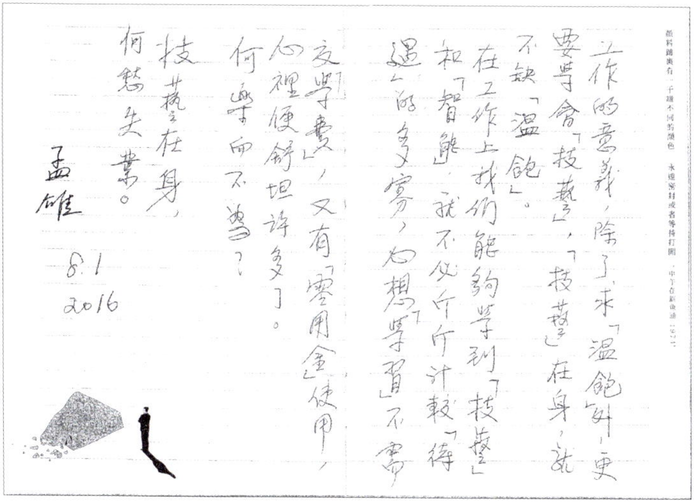

工作的意義，除了求「溫飽」外，更要學會「技藝」，「技藝」在身，就不缺「溫飽」。
在工作上我們能夠學到「技藝」和「智能」，就不必斤斤計較「待遇」的多寡，心想「學習」不需交「學費」，又有「零用金」使用，心裡便舒坦許多了。何樂而不為？
技藝在身，何愁失業。
孟雄
8.1
2016

▶ 謝孟雄熱愛閱讀，也喜歡隨手將重點與心得記錄下來。

這本《塔木德》他看了兩、三個月，因為太喜歡了，捨不得一下子看完，每天只看個五到十頁。《塔木德》字體小，他不習慣戴老花眼鏡看，於是拿放大鏡讀，雖然閱讀起來稍微有些吃力，但因為內容太精采，因此他在學校跟家裡多處擺放了放大鏡跟閱讀燈，走到哪、看到哪。

提到《塔木德》的精采處，謝孟雄就會忍不住推薦：「這本你一定要看，我寫了很多注解！」然後從書堆中找出《塔木德》，只見每個篇章的最後幾頁，都有他的鉛筆重點摘要跟畫線。鍾愛軟筆心鉛筆的他，喜歡在寫的時候運筆可以有點轉折，好比是書法的運筆。

「猶太人是『拜金主義』，這種觀念在中國人聽來很俗氣，但是回到猶太人的文化歷史發展，這是他們為何沒有被滅種的最關鍵因素。」

謝孟雄想起美國的多位猶太老師，都是當初為了逃避希特勒追殺，從奧地利維也納大學逃亡到美國，他們沒有土地、沒有國家，受迫害甚至屠殺，只能四處流浪。到二戰之後，猶太人好不容易有了以色列這個實體國家，然而英國人卻毀了對猶太人的承諾，挑起猶太人、阿拉伯人、巴勒斯坦人之間的種族仇恨，種下今日以巴衝突的種子；美國老大哥更是兩手策略，扶持這邊、打擊那邊，猶太人忍辱負重，必須靠財富與頑強意志立足生存。因此僅占世界總人口數不到0.2%的猶太人，卻可以在各個領域，像是科學界、經濟學、商業界、娛樂界、政治界，不管做什麼都能做到頂尖，例如科學家愛因斯坦、美國前聯準會主席葛林斯潘、石油大王洛克斐勒、金融大亨索羅斯、愛迪達創辦人達斯勒兄弟、知名影星伊莉莎白泰勒等等。

「全世界的錢都在美國人的口袋裡，而美國人的錢都在猶太人的口袋裡。」猶太人成為世界上最富有的民族，若少了財富與頑強生存意志，一定早就被滅種或被其他民族同化了，「看到《塔木德》出版，我就很想深入了解，這個民族為什麼可以這麼卓越？」謝孟雄說。

40

貧窮過，才會懂得珍惜現在的幸福。

他認為猶太人巨賈富商輩出，源自於猶太人注重早期家庭教育之故。《塔木德》裡頭說，猶太人從小就相當注重財富教育，在台灣我們給滿週歲的小孩舉辦「抓週儀式」，北美的猶太人則是會給滿週歲的小孩「送股票」。

猶太小孩三歲起就被教導認識硬幣跟紙鈔；五歲要認識錢幣是一種可以購買東西的工具；七歲要看懂價格標籤，培養「錢能換物」的觀念；八歲就教他們去打工賺錢，把賺來的錢存在銀行帳戶裡；十歲開始懂得節儉觀念，以準備未來會有大筆開支的使用；十二歲看懂廣告包裝的假象，設定執行兩週以上的開銷計畫，懂得銀行業務的術語。他們從小就懂得金融業的運作模式，對金錢敏感，培養金錢並非不勞而獲的觀念，就算是富有家庭的小孩，也要透過打工付出以換取金錢。「生在富豪之家，比較不容易培養出『價值感』，因為幸福跟苦惱窮困都是相對的，沒有透過比較，看不出價值。你貧窮過，才會懂得珍惜現在的幸福。」謝孟雄出生成長在戰亂中，對於家庭教育與環境如何影響一個人特別感觸良多。

41 嚴守契約，打造誠實互惠的公平交易。

謝孟雄也特別推崇《塔木德》所說的「誠實契約」精神，想起他在執掌北醫時，為校方跟外界廠商創造出一個誠實、互惠、嚴守契約的交易氛圍，似乎與《塔木德》的精神有所呼應。

從古早猶太商業活動中，就看得出猶太人十分重視公平交易、正當利潤、誠實契約的思想基礎跟法律規範。比方做為量器的瓶子，底下不可以有殘留；用來秤重的砝碼，必須時常擦拭以維持重量精準性；用來丈量商品的繩尺，在冬天跟夏天使用的應有所區隔，因為量尺會因熱脹冷縮產生變化。猶太人在廣告上也禁止弄虛作假，不屑做「只要每個人上當一次就發財了」的生意，他們恪守契約，也要求對方嚴格遵守，因為他們堅信，若信守約定，上帝會給予幸福的保證。當一個不貪小利的人，不逃漏稅、守法誠實，才是有意義的人生。

猶太人遇到困難不怕挫折，不輕易放棄，貧窮沒關係，但要有志氣。猶太人很少抱怨，只有不斷努力以脫困、脫貧的精神。《塔木德》統整的這些猶太精神，完美呼應了謝孟雄在美國留學與行醫那幾年貼近猶太人的觀察。

「而且猶太人真的非常團結！」團結互助的觀念非常強大，這樣的情懷常讓其他的民族羨慕不已，猶太人會說：「我們自己不幫助自己，難道還有別人會幫助我們嗎？」確實如此，猶太民族在美國那些新移民地區中，雖然沒有嚴密的組織，卻通常會自動形成固定聚會，也會集體居住某個地區。

謝孟雄當年所在的費城愛因斯坦醫療中心是一所猶太醫院，猶太人的服從性很高，「我比你高一班，你就要聽我的命令，而且很排外。猶太人不喜歡用白人，醫院裡頭除了猶太人，還晉用了很多印度人、台灣人跟韓國人。」

當年謝孟雄在台灣已經做過總醫師，又曾經待過賓夕法尼亞大學醫學院，愛因斯坦醫療中心的教授非常重用他，力薦他加入。當年他是九月到愛因斯坦報到，到了十二月耶誕假期時，他的總醫師詢問他：「Would you do me a favor?（你可以幫我一個忙嗎？）」總醫師問他耶誕假期可否幫忙值班，因為大多數美國人會去放一個長長的耶誕假期。那次他答應幫忙值班，沒想到來年元旦，總醫師又來叫他幫忙值班，這一次謝孟雄警覺到這位總醫師試圖利用權勢吃人豆腐，於是巧妙回答：「Is there a policy?（醫院有這樣的慣例，是嗎？）」那位總醫師竟答道：「如果你沒辦法的話，那也沒關係。」他很清楚這位總醫師下面總共有十二位住院醫師，若要休假值班，理當大家輪流才是，如果醫院有規定新來乍到的工作者要多值一點班的話，他是願意接受，但若只是在猶太人為多數的團體中、拿權勢來占人便宜的話，他可不會傻傻地接受。

42 靠關係得到的，似乎就不是我自己的。

《塔木德》說：「命運是天生的，機遇是可以自己創造跟掌握的。」這句話也說進謝孟雄心坎。猶太人長期流離失所，使得他們在艱苦惡劣的環境中，養成了一種獨立自救的意識，這個精神讓他們可在未來人生路上，應付各種突發狀況。這種獨立自救的精神，與謝孟雄從小在家庭教育所得到的觀念、在戰亂大時代中的生命體悟，以及後來在美國猶太老師身上所觀察到的特性，完全貼合。他跟猶太人一樣堅信，只有自己可以養活自己，靠別人來生活絕對是天真幻想，而且在任何環境下，都相信自己可以頑強地生存下去，他們憑藉的是自己的能力。謝孟雄反思：「只要是要靠關係得到的東西，似乎就不是我自己的東西。」他這樣的個性在華人社會似乎有點「特立獨行」，但他卻十分引以自豪。

老子曰：「知人者智，自知者明。」謝孟雄認為，他的一生經常都在思考新事物，致力於不斷超越自己，在創造力方面則是不斷追求卓越、推陳出新，打破現有狀態，探索未知的領域。好比謝孟雄的專業是婦產科醫師，卻跨領域學習並精通泌尿科手術，成為箇中翹楚，不但在精神上自我超越，更善用專業創造財富。他過去在很多學校擔任教職，薪水並不是特別高，即使曾擔任過北醫的校長都一樣。對謝孟雄而言，做有意義的事、自己覺得有價值的事更重要，精神領域的價值更高。精神指的是物質以外、形而上的，像是音樂、藝術、人文等領域的接觸。這也跟《塔木德》所說的「超越自己，才是真正的成功」有所呼應。

謝孟雄永遠牢記父親的教誨。父親說，高等教育最重要的任務是「變化氣質」，靠著勤勞跟生活好習慣就能改變一個人的氣質。謝孟雄一生以專業創造財富，卻不刻意追求財富，當教授的時候薪水也不高，但只要做有意義的事就覺得很有價值！

43 知識讀透了，就能產生智慧，一知半解是辦不到的。

謝孟雄受父親影響，務求人生做到「物質要簡單，精神要豐富」。他最想擁有的，除了知識，還有智慧，精神層面的獲得價更高。《塔木德》說，世間一切的金銀珠寶、房屋土地都是無常的，知識才是可以長久流傳的財富。因此猶太人在孩子小的時候，會想盡辦法讓他們養成讀書和思考的習慣。然而《塔木德》也提醒，知識固然重要，卻是用來磨練智慧的，知識會為猶太人帶來財富跟好運，人要不斷追求新的知識，但智慧永遠不會存在有效期限。智慧是永久的財富，遠勝於知識與金錢。謝孟雄非常認同以上的觀點，也終生在思考怎麼累積知識，然後再將知識轉換為智慧。

提到怎麼由知識轉換為智慧，謝孟雄有自己的一套想法。首先就是不斷對新知保持開放的學習態度，持續閱讀，他的辦公室桌上、地上堆滿了書，辦公室跟家裡到處都有閱讀燈跟放大鏡，隨手拿起來就讀。其次是要有哲學思考的素養，哲學訓練人們有舉一反三、推理舉證、探究原因、解答問題的能力，好比他過去在高中大學時代讀歷史、地理的方式。「絕對不要死背，因為一考完就會忘光，這兩科都要搭配時間軸、大事紀跟地球儀、地圖，融會貫通以後，自然可以舉一反三。知識一旦讀透了，就能產生智慧，一知半解是辦不到的。智慧跟氣質一樣，都像是空氣看不見。」謝孟雄謙虛地說，知識轉智慧的方法跟歷程確實很抽象，他自己也還在摸索。

謝孟雄補充了培根的三句話：「閱讀使知識豐富，討論使你成熟，寫作使你精準。」他自己身體力行了各種閱讀，也喜歡找有知識的朋友討論、歸納出核心精華，最後透過筆記把精華變成自己的東西。「講話是一回事，自己寫過的文字就容易轉換成思想。我讀書的時候沒有很多訣竅，就是把老師講的濃縮成筆記，增加記憶度。」

知識也必須要透過觀察、分析問題，與現實世界的事物連結，才能轉換成智慧。謝孟雄說，以前很流行在家裡買一大套百科全書，「如果你連翻都不翻，最後那套書也只是裝飾跟炫耀而已。」

▶ 謝孟雄長年保持良好閱讀習慣，用「手不釋卷」來形容他一點也不為過。

44 從客廳奢侈品演變，精采演繹台灣早年經濟發展史。

說到裝飾，謝孟雄開始以生動活潑的方式，用客廳會出現的物品來講解台灣經濟史，讓人一聽就印象深刻。台灣光復的時候，沒有瓦斯、沒有電，煮飯必須要生火，他常常在廚房用一個竹筒蹲在灶前面吹氣，眼淚直流。用小塊的木材把炭燒紅，就可以煮菜、煮飯，煮飯的時候，用微火去悶，白飯才會透，那塊炭要記得耙出來不然白飯會焦掉；湯煮滾了的時候，炭也要記得耙出來，耙出來之後還可以用。

一直等到孫運璿把台灣的電力都修復完成了，生活中才有電可用。那時的人買不起冰箱，都是用一個小木箱，買一顆剉冰用的大冰塊擺進木箱裡頭，在冰塊上面擺一些米糠才比較不會那麼快融化。木箱裡頭有了冷度，食物可以存放到隔夜還不會壞。

後來一九五〇年代，美國軍隊來協防台灣，美軍顧問團都住在中山北路還有陽明山上，現在的國賓大飯店就是美軍顧問團團長蔡斯的公館。等到美軍離開，就把他們使用的冰箱拿出來賣，大同公司從那時開始製造電鍋、冰箱，大幅改善台灣人的生活。煮飯變得不用那麼累，插電、按個按鈕就可以了；冰箱也不是像現在都擺在廚房裡。冰箱在當時算是奢侈家電，要擺在客廳給客人看，炫耀說：「我家有冰箱喔！」

一九六〇年代，台灣電視公司成立，眷區不是每一家都買得起電視，所以小朋友放學都跑去有電視的人家裡看，彩色電視很少，大多是黑白電視。

經濟起飛了之後，家裡經濟比較好的人會去美軍俱樂部買洋酒，那裡不是每個人都進得去，還要靠關係託人買，好不容易買來的洋酒，一定要擺在客廳顯眼的地方給客人看。客廳要有一個酒櫃，表示我們家喝得起洋酒，洋酒要是喝光了，還要裝茶葉水進去，繼續擺著當裝飾品。

除了酒櫃也要擺書櫃，表示我們是書香之家，願意投資給小孩讀書。因此那時候幾乎家家都有一整套的百科全書，而且還是燙金的精裝本。百科全書之後則是鋼琴，因為鋼琴比較貴，不是人人買得起，所以有的家庭會改買電視。有錢人家客廳一定要放個鋼琴，表示我們不但願意投資給孩子買書、讀書，還願意請鋼琴家教老師來教孩子學琴。不過家裡的鋼琴普遍來說是直立式，不是平台式，比較不占空間。

接下來客廳的必備奢侈品則是字畫、名畫。有錢人家的客廳都要擺一個名家作品，最好像是楊英風或朱銘的雕塑，或是張大千的畫，表示這家人很有文化水準，不過名畫都是十幾萬起跳，謝孟雄辦公室這邊的都是複製品。

45 父親是一位思想家，一生為國家，從來沒有為自己。

謝孟雄非常推崇孫文的三民主義。三民主義博大精深，民族求世界地位平等，民權台灣在這方面做得很有水準，民生方面實踐大學就是民生科學的實際體現。他認為台灣政府還要去三個國家取經學習：新加坡、荷蘭跟以色列，以提升台灣的經濟實力。

謝孟雄提到，父親當年任職省政府主席時，參訪荷蘭回國後，第一件事就是推動酪農產業，將「雜草牧草化」，送年輕人出國學習養牛技術。以前的台灣並沒有生乳，只有進口、貴得要命的克寧奶粉，自從父親推動酪農產業後，台灣才慢慢有新鮮牛奶可喝，增進國民營養健康。

第二件事是學荷蘭花卉外銷，鼓勵彰化花壇的農民種蘭花外銷。現在台灣蘭花名聞全球，外銷到日本、韓國、新加坡、歐洲、美洲，花農的經濟就能夠提升；第三件事是改良茶葉，成立茶葉改良場，並且利用台灣盛產的水果入酒，籌建專門生產水果酒的南投酒廠。

「父親真是一個思想家，他一生為國家，從來沒有為自己，是台灣經濟重要的推手。我得天獨厚可以就近觀察他、向他學習到很多民生主義的思想精髓。」在父親省政府主席任內推行的小康計畫大獲成功，確實做到民生主義精神方方面面的體現：「人盡其才，地盡其利，物盡其用，貨暢其流。」後來更吸引了對岸的胡錦濤，也在中國推行小康社會政策。

一個傑出的領導人不但要有理想，更要有方法，父親認為最佳的脫貧方法就是孫文的民生主義。孫文在《走向文化大國之路》一書中說：「民生主義的目的，就是消滅貧窮，使社會均富。台灣二十餘年來實施民生主義的經濟政策，大貧固然已不多見，而小貧還是不少。我們所謂向貧窮挑戰，是積極性的行為，就是要使社會上不再有貧窮的人，今後對策，當置重點於防貧，而不以救貧為目的。」父親當初的施政目標首要在「消滅貧窮」，建立均富社會。當年全台貧戶高達三十九萬人，「小康計畫」施行六年後，全台貧戶從三十九萬銳減為一萬兩千人。

46 人不可能沒煩惱，只要懂得化解就好。

猶太長老說：「殘害人們的東西有三種：煩惱、爭吵、空錢包。而其中以空錢包害人最甚。」謝孟雄在這一點上則與猶太人持有不同觀點。他分析，由於猶太人沒有國家、四處流浪、被追殺，因此最重要的是忍辱負重、生存下來，財富是生存的基本門檻。

謝孟雄認為，財富上的追求、滿足與自由，是相當主觀的概念，像是在中國文化儲蓄的觀念很重，因為我們生於憂患、死於安樂。飽經戰亂的中國人會擔心，要是明天失業，或者忽然發生意外該怎麼辦？因此中國人都習慣有一筆緊急備用的錢在身邊；菲律賓男人就沒有儲蓄觀念，他們都是把手上的錢花光了，才會想到去工作賺錢。對他來說，錢財與性別也並不是完全相關，他建議進入婚姻的女性即使持家、掌管家裡的經濟權，也都要有自己可支用的金錢，「因為當你想買個包包的時候，你不需要經過別人的同意嘛！」

至於「煩惱、爭吵、空錢包」對謝孟雄會是人生困擾嗎？他認為不必然。因為人不可能沒有煩惱，哪有事事都如意。既然煩惱不可避免，只要懂得化解就好了。爭吵對他也並不造成困擾，「你尊重別人就好了嘛！意見不合就先離開，如果你面對的人是討厭的人，那更要學會『眼不見為淨』，若真的是必須要經常面對的關係，那就得去溝通。」

空錢包對他也不會造成干擾。他從小看著父親一生在物質上的極簡堅持，「父親很少超過三套西裝、三雙鞋，只要一多就會送給人家，生活非常簡單，展現不求物質的一生。」他自己也在生活上力求樸素跟簡單。

謝孟雄說，錢一多就會想很多，人的慾望都是這樣來的，而煩惱大多是來自「嫉妒心」，貪圖很多物質的擁有跟享受。很多人買名車卻很少開，還要付很多停車費用，「你可以換個方法，像我是『享有，不一定要擁有』，看別人擁有名車很羨慕，我的做法是去買德國製很精緻的模型車，一台模型車要價兩、三萬，我可以買個十台，放在電視櫃上天天把玩！」買不起名畫，美術館就多走幾趟。前幾年有陣子非常流行直接買下一座歐洲古堡別墅，不過一旦買了，得要請人管理清掃，裡面長時間沒有人住也不行。「想一想，如果在陽明山上有別墅聽起來是不是很棒？但你還要另外找人管理、清掃，想上山去的時候，我的方法是買張公車票，直接坐公車欣賞有人幫你整理得很漂亮的國家公園花圃，整理得這麼好，而且公車票一百塊有找！」

謝孟雄自己的生活也樸素簡單，玩了一甲子的攝影，他用的也不是德國頂級品牌 Leica，「德國產品堅固耐用，跟德國人一樣一板一眼，鏡頭很好，可惜用起來不是那麼順手；反之日本的大眾相機品牌 Canon、Nikon 非常耐用，我買日本相機不會覺得自己矮人一截，實用性最重要，如果是用德國鏡頭搭配日本機身，那是最棒的組合！」他認為車子也一樣，日本車雖然樣子設計感沒有那麼強，然而日本車的優點就是不需要常常維修、小毛病不多，他也不求真皮座椅，不需要凸顯身分地位，只要方便上下班就足夠。德國人一板一眼，日本人懂得變通，民族性從他們的產品就看得很清楚。此外，謝孟雄特別欣賞油電車，因為兩個系統轉換、技術的門檻較高、較複雜，市區用電，沒有電就用油，電動車則一定要倚賴充電樁，現在電動車的電池技術如果可以普及，電動車才會更流行。

謝孟雄的一生其實可以大富大貴，他卻選擇了簡樸素直。對謝孟雄來說，人生可有過煩惱跟低潮？他坦言「少有低潮」，因他生性樂觀，相信天無絕人之路，對名利、慾望、物質既不貪求，也不會不滿足，更不一定要貴為國家一品大員，「我喜歡的是能夠獨立自主、自由，做自己開心的事，這樣就已經很足夠了！」

第七章　此生摯愛

就算變成灰，也要陪在你身邊

47 有一天我會變成灰，但是，我的魂會一直跟你在一起。

以詩句表達對太太林澄枝的浪漫愛意，是謝孟雄始終如一的日常。

兩人結褵至今六十二年，育有四名氣質優雅、獨立自主的女兒，在各自的專業領域皆有傑出發展，這些偏理性的外顯特質跟成就表現，工整對齊著自小對她們家教甚嚴的自律型媽媽路線；可在內心，她們卻也像極了感性、浪漫、對家人照顧總是無微不至的活潑型爸爸。即便家人們生活在不同國家，互動往來依然親密如昔，女兒們樂於繞著親愛的爸爸為中心轉，以「爸寶」自居。

在一九五〇年代的台灣社會，家裡出了一位正在攻讀醫學系、多才多藝的少年郎，無論出身跟家庭背景如何，肯定都相當引人矚目。加上父親在政壇的

▸ 謝孟雄與林澄枝婚後生活幸福美滿，育有四名亭亭玉立的千金。照片攝於 2013 年峇里島，是謝家近年最開心的全家旅遊回憶。

發展，以及雖受到大力拔擢仍嚴謹低調的風格，媒妁之言等各種機會有如雪片般飛來。這位黃金單身漢就讀高雄醫學院時，婉拒了不少姻緣媒合的機會。

「當時雄商（高雄商業職業學校）的校護要幫我做媒，想介紹一位有錢人家的漂亮千金跟我吃飯，我第一時間就拒絕。原因是雙方吃個飯當然沒關係，要是彼此合適，可能會是椿喜事；可是如果不合適，內心總是會對人家很不好意思。」謝孟雄一生的風格就是善良、誠懇、獨立、自主，不靠關係，萬事靠自己。

48

婚姻這件人生大事，怎能輕易交到他人之手。

說起謝孟雄跟林澄枝的相遇，用偶像劇般的命中注定、天賜良緣來形容，一點也不為過。林澄枝本身是南部望族的漂亮千金，但兩方的相識跟交往，卻是在雙方家長不著痕跡的細心搭橋之下，自行發展出來的甜蜜結果。

時間回到一九五六年九月，謝孟雄從國防醫學院休學後，插班轉學到高雄醫學院醫學系三年級就讀。家人都住在北部，一個青年隻身前往南部讀書，很難有適當地方居住，當時父親在省政府任職教育廳副廳長，執掌全台灣的高中職學校事務，剛好想到好友兼部屬，高雄商職校長林東淦。林東淦在高雄市五福三路上有間一百多坪大的校長宿舍，但當時全家已經搬到台南生活，林東淦則因為工作關係留在高雄，只有週末會去台南跟家人相聚。因此父親就和林東淦商借了一個房間給兒子住，林東淦基於好友與長官情誼欣然答應。於是，謝孟雄在這個偌大的校長宿舍借住，一住住了四年之久。四年內謝孟雄從未跟林東淦的女兒林澄枝見過半次面，卻常聽聞對方的消息，對彼此保持一個「禮貌的好奇」。

林東淦的宿舍是一間日式三房兩廳的大房子，謝孟雄很喜歡此處清幽的環境，庭院空間寬廣，居住人員簡單，就是林東淦、司機、工友加上他四個人。謝孟雄回憶在高雄的大學時光，白天要騎半小時腳踏車到學校上課，下課後打完球就回宿舍，生活簡單而樸素。

當時寄住在父親友人長輩家中的謝孟雄就是個自律、規規矩矩的好青年，打完球後衣服也是自己用手洗。林東淦似乎對這個年輕人有份照顧責任在，對他的生活作息也有所要求，希望他盡可能晚上回宿舍吃飯。謝孟雄說：「白天在學校餐廳吃飯，一頓飯三塊錢；晚上林伯伯都會等我吃飯，工友負責做飯，當時物價很便宜，十塊錢就夠煮三餐。」謝孟雄說，當時「未來的岳父」觀察他四年，應該心裡有數，也充分認可他是個好青年。現在回想起來，謝孟雄只是打趣地笑說：「當初學校護士阿姨怎麼沒有介紹林家三小姐（林澄枝）給我認識呢！」

倒是林澄枝，曾在兩人五十年結婚週年紀念影片中提到，那段時間對謝孟雄的初步想像。「喔！那個副廳長的兒子在這裡讀書，不知道是什麼樣的人？」林澄枝敘述當時的好奇心情，她跟堂姐週末回到高雄父親宿舍時，會偷偷繞過去觀察一下這個人的書桌，「我們看到有女孩子寫給他的情書，他好像很喜歡幫女孩子拍照，帶去愛河拍照，好摩登喔！相較之下，我們兩個很像土包子，堂姐看了照片以後，還特別小心地把東西放回原位。」謝孟雄回憶，太太當時以為他的女朋友都是穿蓬蓬裙，生活多采多姿的樣子。不過其實他的高醫大學生活除了打球，就是讀書，動線就是宿舍、學校跟球場。兩人既未見過面，除了好奇之外並沒有特別的感覺。

兩人第一次見面是在林澄枝要考大學的前夕。之前她就讀台南女中國中部課業頂尖，始終保持班上前三名，後來她跨區到台北考高中，一心只想念北一女，後來大考未能如願，中山女高她讀得並不開心，好強的她內心仍想在大學考試中拚個第一志願：台大醫學系，於是認真的她到台北車站附近補習。當時她一個人孤零零住在台北的補習班宿舍，在又小又擠的宿舍苦讀拚台大。

謝孟雄母親潘影清那時告訴兒子說：「你在高雄白吃、白住那麼久，沒繳過房租跟飯錢，你應該帶個禮物去看林家三小姐。」於是他就帶了媽媽準備的蘋果跟烏魚子探望。他當時印象深刻，補習班宿舍是上下鋪的床，再加上書桌跟檯燈，房間非常小，兩人見了之後面面相覷，互不熟識，講不上什麼話，只聊到：「這些是我媽媽叫我帶來給你的。」謝孟雄當時只是聽媽媽的話，和林澄枝見上一面，但其實媽媽早有安排。

後來林澄枝的大學考試二度失利，沒能考上心中的第一志願，整個人鬱鬱寡歡。那時林東淦夫婦帶著三女兒到南昌路南菜園拜訪謝東閔，謝東閔發現林家三女兒低著頭很沮喪，就安慰她，並建議她憑考試成績到實踐家專就讀。林東淦夫婦當下就同意三女兒到實踐家專讀書，於是開啟了謝孟雄跟林澄枝的浪漫姻緣。

▸ 林澄枝在謝孟雄父親謝東閔的介紹下，進入實踐家專就讀。照片攝於 1959 年實踐家專舞會。

實踐家專過去曾有新娘學校的美名，實踐的學生普遍家境還不錯，經過數年家政教育後，女學生們對服裝設計、烹飪跟裁縫都得心應手，加上社交禮儀、美姿美儀的訓練，畢業生非常搶手。然而謝孟雄也是到後來才知道，實踐家專當時才創辦沒多久，算是很新的專科學校，對當時一心只想念第一志願國立大學的太太來說，這個選擇又是再一次的壓抑。

49 除卻少爺千金的角色，自然不扭捏地互相契合。

謝孟雄記得，兩人第一次約會是他約對方出來，先去西門町吃飯，再到圓山大飯店附近散心。「那天我們先去西門町電影街成都路看一場電影，再去有名的金城飯店吃廣東菜。我叫了幾個好菜：炒蝦仁、咕咾肉，還有牛肉炒芥藍，她是南部人，沒吃過廣東菜，但是她不會『假客氣』，很自然、不扭捏，菜全部吃光光！」謝孟雄後來跟她回到圓山大飯店前的草坪聊天，兩人像是兄妹一樣無所不聊，包括他從小在戰爭中逃難的成長經歷，當時林澄枝應該就是把他當成大哥哥一樣天南地北地聊，那時也還沒想到要進展成男女朋友關係。

「當時我只覺得這個女孩很自然、不扭捏、沒架子，每次見面都感覺『意猶未盡』。當時我們在圓山大飯店前面草坪聊到十一點，聊到現在還在聊，一晃眼就是五十年！」謝孟雄在五十年結婚週年紀念影片當中回憶道。

接著兩人開始通信，大約是每週兩、三封信。林澄枝字跡秀麗工整，文筆又好，謝孟雄開始對這個女孩印象愈來愈好。情書寫了好一陣子，他提議要再去陽明山郊遊，她不敢自作主張，提筆寫信回台南問問母親的意見，那時她都還沒收到母親回信，謝孟雄已經迫不及待搭夜鋪火車趕回台北了！謝孟雄猜想，她可能對於單獨約會不太自在，於是很體貼地又約了一個國防醫學院的同

▸ 謝孟雄與林澄枝愈走愈近，最後兩人終成連理。

學跟他的女友，四人一同前往陽明山。那天行程最後到陽明山最好的飯店吃晚餐，謝孟雄點了牛肉麵、魚丸湯之類的便餐，「她真的是非常『好喙斗』（台語：不挑食），又是吃光光，不是那種嬌生慣養的千金小姐。」當天他也拍了很多照片送給她，彼此印象很好。

兩人很自然地愈走愈近，兩情相悅、天作之合，加上雙方家長也都很喜歡對方，謝孟雄從高醫畢業那年，他們先訂婚，一年後結婚，婚後第二年大女兒文宜就出生了。從那時候起，他們就住在中山南路的謝家，林澄枝去金華女中教書，「她長得很漂亮，對學生又很好，學校裡每個小女生都好愛她！她一出現女學生就大喊『漂亮老師來了』，讓她總是很害羞地低頭走進教室。」

等到大女兒兩歲半左右，一九六五年，謝孟雄總醫師訓練完成了，自己開了診所後，病人量很大，於是賺了一筆錢。他深知太太心裡有個留學夢，想要陪她一起去圓夢，身上有了這筆錢後更加篤定。那時太太常躲在美而廉西餐廳

▸ 成家立業後，謝孟雄仍有去世界闖一闖的雄心壯志，隨後與夫人雙雙取得留學資格。照片攝於 1964 年。

K英文，後來她很快就通過留學考試。謝孟雄自己則透過另個管道：美國第二海軍研究所甄試，通過了ECFMG考試（美國海外醫事人員考核證書），這是所有想要到美國擔任醫師的資格考試，還有教授跨海來台考核，當時外國醫師要拿到ECFMG才有辦法去美國醫界服務。「一九六五那個年代，我們兩個是經由不同管道申請，各自拿到赴美留學資格，如果當時有電腦可以連線的話，我們夫妻是不可能同時申請赴美的。」

50 即使內心後悔，也還是尊重太太的想法。

林澄枝赴美留學，心中首選想當然耳是美國常春藤名校：紐約哥倫比亞大學，但謝孟雄申請到的卻是賓夕法尼亞大學醫學研究所，兩地車程超過兩個小時。雖然賓州也有很多好大學，謝孟雄要就讀的賓州大學排名也很不錯，但他深知太太的「心理代償作用」，她年輕時先錯過了北一女，考大學又錯過了台大，好不容易來到美國，無論如何咬牙都要念哥倫比亞大學。謝孟雄不敢給太太建議，而是選擇尊重成全她的心願。

在美國的四年留學生涯其實過得滿苦的，卻也是夫妻倆最懷念的時光，兩人只有彼此，相依為命。林澄枝在哥倫比亞河邊的老人公寓租了一間套房，一週租金要十七美元，一個月住宿就要花上七十美元。當時的七十美元，相當於在台灣兩個月的薪水，但這間套房不僅空間超級小，約只有兩個榻榻米大，且屋況破舊不堪，公用廚房的冰箱門常常關不上，冷度又不足，而且每次謝孟雄去看林澄枝時，房東太太都很不友善。看著老婆住的地方這麼苦，居住環境也不是很安全，每次林澄枝要從賓州回紐約時，謝孟雄就貼心地做一些醃肉、火腿、冷菜給她帶回租屋處，平常只要買個吐司做成三明治就可以當一餐，「結果冰箱冷度不夠，食物經常發霉，她都忍著不講，從來不訴苦。每次想到她的

▸ 林澄枝 1965 年初到紐約，到哥倫比亞大學深造圓夢。

處境，再想到我在費城的高級宿舍，內心其實很後悔！」一邊想要尊重太太圓夢的想法，一邊又很心疼她咬牙忍耐隨著這個選擇而來的種種辛苦。

其中一個最苦的就是，每天夫妻倆對大女兒文宜的思念與愧疚。當時他們帶著行醫賺來的五千美元赴美留學，這筆金額在當時等於像是中了統一發票第一特獎。夫妻倆在美國圓夢，卻不能帶著當時才兩歲半的文宜一塊去，因為要是帶女兒一起，太太就無法讀書，只好忍痛將文宜交給岳母。「太太在美國想到女兒幾乎天天以淚洗面，那時也不能經常打電話，一通越洋電話要幾十美元，回台機票一趟就會花掉兩、三年的薪水，只能寫信。留學四年內也沒有回來過，我只能安慰太太，不要難過，相信媽咪會照顧得很周到。」

後來林澄枝在哥倫比亞念教育學院的時候，懷上了二女兒文安，哥大的學業因此必須暫停。文安在美國出生時，婦產科醫師的無痛分娩技術做得非常好，「澄枝睡了一覺醒來，寶寶就在身邊！」當時謝孟雄還曾考慮要把這套

▸ 夫妻倆為完成學業，忍痛把襁褓中的大女兒文宜託給長輩照顧。

最新的分娩麻醉醫學技術引進台灣。老三文心在加州出生，那次自然產讓林澄枝痛得要命。後來老四文珊出生時，林澄枝已經三十九歲，她自己也很擔心，最後老四由謝孟雄親自接生，他以在美國學到的，用80％的麻醉無痛分娩新技術，讓太太只感覺到微微的痛，但還能夠用力，文珊也順利出生。

老二文安在美國出生時，謝孟雄在賓大醫學研究所學業已經完成，接著在費城愛因斯坦醫學中心病理研究員的工作也結束，又在該院擔任婦產科醫師，該學的都學到了，夫妻倆沒有進一步計畫。當台灣發表退出聯合國聲明，社會民心浮動、凝聚力搖搖欲墜之際，不少台灣醫師移民美國，也有一些醫師移民南美洲國家，但這些醫師移民阿根廷後，存款被銀行扣住，每個月只准提領一千美元，財產就這樣被管制住了。那時夫妻倆也曾猶豫是否把文宜接到美國住，因為美國的醫院給謝孟雄一個薪水、福利都超優的工作機會，他們一度連大同電鍋、棉被都從台灣寄到美國去了。

▸ 謝孟雄家族合影。前排由左至右為大女兒文宜、父親謝東閔、二女兒文安與妹妹式冰，第二排為夫人林澄枝、母親潘影清，後排為大弟大元、三弟大成、二弟大立與謝孟雄。照片攝於 1972 年實踐家專校門口前，謝東閔時任台灣省主席。

後來謝孟雄考量到父母年事已高先回台，雖然美國醫院還是持續跟他「招手」。一九七二年，學成歸國後第三年，謝東閔升任台灣省主席此一重責大任，謝孟雄更覺得自己不能走。「身為長子，並不是怕人家說話，而是當父親在承擔國家重責大任的時候，父親也需要兒子來支撐他，讓他無後顧之憂，包括學校都要有人顧，省主席總不能兼任校長嘛！」明明說的是影響人生重大的決策時刻，謝孟雄仍然可以輕鬆自在地幽自己一默。

51 不在其位、不言其政，不欽羨權位。

在赴美之前，謝孟雄其實也曾有過絕佳的出國留學機會，可以拿著高額獎學金遠赴歐洲留學，倫敦大學也願意提供他包括「熱帶醫學」跟「公衛營養」

兩個領域的獎學金。當時如果真的去倫敦大學攻讀學位回來，這些學經歷的組合未來可能就是衛生署長的人選。「那個時候台灣社會學醫的人大多會去日本留學，我比較偏愛臨床工作，也不是很想追逐一官半職，現在想起來，當初放棄這些機會我並沒有覺得後悔。」謝孟雄的人生位置相當靠近政治圈，看政治看得很清楚，但是他始終堅持不在其位，不言其政。他帶著妻女返台的決定，最後證實是正確的選擇，後來台灣社會愈來愈奮發有為，經濟也開始起飛。

「這也是太太最稱讚我的優點。她說『我都不嫉妒人家』，不嫉妒人家的官位、權力。我告訴她，如果看到人家的優點，只是嫉妒人家跟生氣，又何必呢？我們反過來跟他學習，不是加分嗎？太太覺得我這個性格很稀罕。像我常常跟摯友高希均說，此生能夠學到他的萬分之一，我就很滿足了。他說我太客氣，不過我真的欣賞他寫文章很簡練，講出來的話充滿智慧，望塵莫及。」

夫妻回台後，謝孟雄的斜槓職涯開始快速發展，當他專注事業上成就的時候，四個女兒的教養大責全都是交給太太掌管。「當個婦產科醫生很難好好睡一覺，之前總醫師受訓時期，三百六十五天幾乎都在醫院裡度過，你要回家，就得有人代班。我感謝太太都很忍耐，她太善良，從不抱怨。後來我到北醫當校長的時期，我就常跟女兒說，我虧欠你們媽媽很多很多。」

他十分感謝太太對家裡的全責照顧，「澄枝細心又有耐心，尤其對文宜管得特別嚴，字寫不好都要重寫，所以文宜的字寫得特別好。」謝孟雄深知太太對沒有生兒子內心有遺憾，他曾鬧著說：「那我做你兒子，四女一男，我叫你媽咪，這樣你不是就沒有遺憾了？」後來他才知道，這是太太的禁忌議題，連提都不能提，開玩笑也不行。但是他有時會把哥倫比亞大學拿出來揶揄一下太太，說費城大學也有兩百年歷史，文組科系非常有名，何必到紐約受罪呢！

52 高度欣賞夫人的聰明、內斂、能力好，卻一輩子謙虛低調的風格。

謝孟雄舉《塔木德》裡頭的婚姻段落說，他跟林澄枝就是猶太人所說「最好的結合」。一個很有學問的家庭後代，跟一個很富有的家庭後代結合，《塔木德》說這是門當戶對。謝家算是有才氣，而林東淦家族是高雄鐘鼎之家，家裡有十六房。但在謝孟雄眼中，林澄枝絕不只是富家千金，她相貌好、家庭背景好、工作能力更好，卻一輩子保持謙虛低調，不愛拋頭露面。她喜歡待在家裡當主婦，「她說最幸福的『就是做謝孟雄的太太』！因為她很有才華，聰明、內斂，對長官全力以赴，對部屬體貼照顧，所以每個首長都想要她當副手。」

林澄枝在文建會擔任主委總共五年，後來還曾任中國國民黨首位女性副主

▸ 林澄枝工作能力備受肯定，謝孟雄總是以妻子為榮。照片攝於林澄枝擔任國民黨副主席時期。

席，以及總統府資政等職務。她雖然做到很高的職務，依然保持謙卑內斂，在與中國國民黨的同仁們大合照時，她一個人安安靜靜主動站到很後面，黨主席連戰還特地喊她的名字說：「你要過來站在我旁邊啊！」

謝孟雄非常鼓勵太太往職場發展，貢獻國家，甚至以太太為榮。「她職位很高，我在家煮飯，也不會覺得沒面子。我當監察委員時是她最發光發熱的時候，I am proud of her! 那個時候我去找蘇聯芭蕾舞團都是靠自己，我不麻煩太太幫我去跟舞團打招呼。」謝孟雄認為，夫妻倆都是靠實力、不靠關係，有自我價值感的兩個獨立個體。林澄枝雖然能力跟成就都很高，但是她最在意的就是先生。大女兒文宜說：「爸爸一向就是給媽媽大方支持跟鼓勵，不吃醋也不限制，全心支持，為媽咪感到驕傲！那個時候媽媽常常出現在電視新聞裡，爸爸就拿著相機不斷地幫媽媽拍照，做出各種簡報、相簿，非常以媽咪為榮。他在外甚至還說自己是『林澄枝的先生』！」

林澄枝在文建會做了五年，工作非常認真，壓力大到引起末梢神經麻痺，當時她手腳都麻了。謝孟雄帶太太到台大醫院做了各種檢查，當醫師的他也明白，免疫系統病症最好的對策就是把壓力源拿掉。「我跟她說，文建會白皮書也出了，做了很多貢獻，急流勇退，該休息了。休息以後那些症狀真的奇妙地不藥而癒！」文建會是最窮的部會，各行各業都來要經費，太太是一個慈悲的好人，沒有經費她還會自掏腰包。她無論做事、講話都是規規矩矩，相貌莊嚴，不苟言笑，離開文建會的時候，文建會的人都哭成一團。

兩人結婚六十多年，沒有吵過架，因為「沒有吵架的理由」。兩人總秉持著互相尊重、不開心就走開的相處原則，絕不會有翻臉、怒罵、正面衝突的時刻。林澄枝在結婚五十週年紀念影片中揶揄他說：「先生很欣賞美的東西，尤其是漂亮女孩子，到哪裡都一樣。他會過去跟她們拍照、講話，不一定是有什麼用意，但是有時候看了就很討厭、不舒服。我一人默默閃到旁邊的時候，他忽然發現我不見了，才知道『事態不對喔！』」

▸ 林澄枝於 2000 年辭行文建會，同僚紛紛獻上祝福。

謝孟雄喜歡講笑話，有時候嚴肅正經的太太聽了不開心，他還會找一些她喜歡聽的東西，再把氣氛給圓回來。「文宜常常說我愛踩她的紅線，哪壺不開提哪壺！互動中有一種調皮，掀起波瀾然後再恢復平靜，我覺得這樣相處滿有趣的！」

家裡的布置、掛畫跟裝修都是謝孟雄負責，林澄枝有品味，也願意花錢。教養小孩的是太太，做菜的是先生，太太總是吃得很開心，謝孟雄也覺得每天去買菜的自己很有貢獻，兩人合作無間。

「澄枝不希望我賺更多錢、做更大的官，她只喜歡端莊的打扮，我也認為自然、簡樸、舒服最好。就像你天天大魚大肉也不會覺得好吃，點綴一些青菜豆腐，才顯得出鮑魚、魚翅的特別，天天吃鮑魚、魚翅很像嚼塑膠片。她吃飯有很多禁忌，綠色豆子不吃，最討厭菜豆，看到就會覺得噁心；喜歡牛肉、牛排、魚肉，不喜歡太麻煩的螃蟹，但是你如果幫她剝好的話，她可以！」講起太太的飲食，謝孟雄話匣子關不上。

四女兒文珊說：「有一次爸比做菜給我們吃，我覺得他肉放太多了！他說：『那是因為你媽咪喜歡吃肉！』」

大女兒文宜說：「每次爸比做菜，都很期待地看著媽咪，只要她有一點點皺眉頭，爸比就會說：『是太鹹嗎？還是怎麼樣？』只要媽咪覺得好吃，爸比就好開心！」

三女兒文心說：「爸比疼愛媽咪，很在意她吃喝，但是疼愛的方式跟場合有時候不太恰當。比方說有時候我們去看表演，看到一半爸比不見了，回來的時候他手上捧著一杯水，因為他怕媽咪口渴。有次我們從福建回來，在機場的時候跟當地領導一一握手道別，爸比看到旁邊有肯德基，想到媽咪愛吃霜淇淋，他就馬上跑過去買，一人一支霜淇淋，但是我們正在排隊入關，搞得我們人手都是霜淇淋，還要跟人家握手，那個畫面很好笑！」

二女兒文安則形容：「爸比、媽咪好像太陽跟月亮。爸比像太陽，溫暖熱情，毫不做作；媽咪好像月亮，冷靜溫柔，永遠是我們最大的後盾。」

謝孟雄是一個活潑、開朗、幽默的人，興致一來，嗓門開唱，逗得全場哈哈大笑，作風洋派，但太太卻是端莊、矜持、內斂，不像先生情緒都是外顯。

53 愛一個人，會願意為對方做一切，沒有所謂犧牲。

林澄枝在結婚五十週年紀念影片中，曾說過一段話：「下輩子還要嫁給他！兩個人相知相惜真的不容易，他天性善良、坦誠，向來都是直接表達，很少修飾，裝都裝不來，就是那麼真！」

經營婚姻家庭的智慧是什麼？謝孟雄說：「你愛一個人，會願意為她做一切，沒有所謂犧牲。像我今天，三餐有機會餵她吃，是我的幸福。她生病了，我無可奈何，只能給她營養。我半夜去上廁所，會走過去看看她被子有沒有蓋好。」他認為對菲傭來說，照護只是一個工作，「已經做到很好了，不能要求人家二十四小時上工。我愛她、照顧她是心甘情願。你問我有沒有什麼婚姻家庭經營之道？沒有什麼哲學，就是一個『愛』字，我相信她對我也是如此，互相的。這也是幸福，不容易！直到今天我都還是珍惜她，不需要做給人家看，沒有必要，我想她心裡也明白。」

據說當年求婚時，林澄枝很有智慧的告訴謝孟雄：「請你答應我兩件事，第一，不能大聲說話或大聲責罵我，要用理性態度互相溝通；第二，我不擅長做家事，請你要體諒。」當下謝孟雄就答應這兩個承諾，維持了整整六十年！從沒罵過太太、幾乎天天下廚、餵太太吃優格。他說：「仔細回想，我的人生幾乎沒有過什麼低潮，現在唯一最掛心的，就是太太的健康……」

▸ 謝孟雄與林澄枝鶼鰈情深，感情六十年如一日。

謝孟雄在結婚六十週年紀念影片中，泛淚感嘆說道：「我很難過，你是不是壓抑太久……我們牽手一輩子，六十年一甲子，每天餵你吃三餐，只要你吃、我就很開心。四個女兒你都教得很乖巧，現在不求名利、不虛此生，只希望你早日康復。」

第八章

退而不休

忙碌充實的董事長生涯

54 忙碌是幸福的，有工作做是愉悅的。

謝孟雄從二〇〇五年八月自實踐大學正式退休至今，將屆二十個年頭。對謝孟雄而言，七十歲那年可謂名義上的退休，他卸下校長的職務，是為了讓能力更好的人來接班領導學校；然而實務上謝孟雄是「退而不休」，身分從校長轉換為董事長這二十年來，他依舊堅持每天勤奮到校辦公，為校務盡心盡力。

在董事長辦公室，經常可見謝孟雄埋首於辦公桌的書堆中辦公或閱讀，他總是興致高昂地向來訪賓客展示他掛在牆面的攝影作品，或介紹沙發後方歷久彌新的手工斬石子牆面，並置入他想要傳達的「境教」概念。謝孟雄也會在休息時走到櫃檯旁跟行政同仁們聊天，興致一來就高唱幾句歌劇；中午請司機去附近超商買個三明治，或學生平價美食蔥抓餅，配瓶氣泡水果腹後，再接續辦公。退居二線的董事長職涯，過得低調、充實又不失趣味。

謝孟雄二十年來退而不休的規律生活，其實是源自於謝東閔的教誨。「父親曾說：『忙碌是幸福的，有工作做是愉悅的。』對我來說，各種活動的改變就是休息，像是白天到校工作，再穿插閱讀、運動，下班後回家與家人相聚，為家人煮晚餐，就是很棒的休息。」

回顧行醫初期，謝孟雄在二十八歲那年已成家立業，家庭圓滿，大可好好待在台灣穩定發展醫師職涯；卻在三十二歲時，決定暫時擱下收入漸豐的醫師身分，放棄兩個已經考上的歐洲公費留學機會，與當時二十七歲的太太一起赴美留學。從一九六五年到一九六九年這四年留美生涯，像是夫妻倆人生中難得的「Gap Year」，在陌生國度裡的大小事一切都得自己來。中間有段時間，夫妻倆還分隔兩地求學，謝孟雄在費城、林澄枝在紐約，過著克勤克儉的留學生苦日子。這四年完成了謝孟雄想走出台灣看世界的心願，同時也為太太圓夢，讓林澄枝如願到美國最頂尖的哥倫比亞大學讀書。

一九七一年台灣退出聯合國時，台灣政局不安，社會普遍人心惶惶，人民擔心老共隨時可能會打來，比較有能力的台灣人在那時選擇移民美國。當時謝孟雄在美國讀完學位後，已在美行醫，醫院也開出條件優渥的工作跟綠卡想留住人才。夫妻倆原本決定舉家遷徙，甚至都已經把大同電鍋跟棉被從台灣寄到美國了，然而一九七二年父親榮任台灣省主席的消息，讓他改變主意。謝孟雄說，父親是台灣省主席，身為兒子還移民美國可謂不孝，國難當頭避走他鄉可謂不忠不義，「就算美國待遇再豐厚，我都不應該移民！」謝孟雄決定留在台灣，成年早期的人生重大轉折就此底定。

留台後謝孟雄接任實踐家專校長，並持續行醫。在四十五歲那年，他臨危受命到北醫擔任校長，五年之內讓瀕危校務起死回生；五十歲時，他回實踐再度擔任校長；五十八歲被李前總統提名為監察委員，不得已辭去了他最愛的醫師工作，擔任監察委員長達六年，然後再回任實踐大學校長一職，努力將改制後的實踐大學打造成校園建築的頂尖代表。在這其中，謝孟雄經歷了醫界、政界、教育界、公益組織等眾多職務洗鍊，人生智慧更加飽滿。在各項職務中，他透過參訪考察、會議演講與宣慰僑胞的機會環遊世界一周，足跡遍及北美、中南美、北歐、東歐、南歐、紐澳、北亞、東亞、中亞、印度、中國各省、埃及、南非，環球足跡只剩西藏、南極、北極與西伯利亞四處還未能到訪。

特別的是，謝孟雄總會將旅行的所見所聞，用自己理想的形式出書，包括以日本、西班牙、捷克波希米亞、中歐管樂節、奧匈帝國為主題的旅行著作，還有以芭蕾、探戈等舞蹈為主的著作，都是他用自己所拍的照片、自己撰寫的文字內容，用自己的排版方式去編輯。謝孟雄甚至對於紙張選擇、線裝膠裝、平裝精裝等印務，都有自己的想法，並實際執行。除了攝影集跟旅行書，加上謝孟雄專業的婦科衛教、公共衛生、社會工作、論文集、家庭教育等主題，著作量高達二十二本。勤於出書對他而言並不困難，「因為照片都是我拍的、現成的，不費功夫。」這也完全承襲父親凡事自己動手做的家庭教育理念。

謝孟雄這輩子經歷過好多職務，是否有哪個工作讓自己最感到得意？他提到，自己於民國六十七至七十三年擔任台北醫學院校長五年期間，讓北醫校務起死回生，並獲教育部補助兩千八百萬興建「杏春樓」。「事實證明，我好像滿會做事的！」過程雖艱苦，但愈困難愈有挑戰性，也讓他最有成就感。謝孟雄在各種職務經歷上，始終秉持以好友高希均的名言為原則：「專業內要內行，專業外不外行。」加上他本身好奇心、求知慾強大，盡責當責、能獨立思考的特質，遇到不會便虛心求教的謙遜精神，就算不是自己想做的，也能做得還不錯，無愧於心。

55 只想當個平凡人，無憂無慮過自己的生活，做自己喜歡的事。

「由於臉皮薄、不求人，其實我這一生只想當醫生跟攝影，擔任監委我也是戰戰兢兢、認真盡責，只想好好做事。我曾婉拒了數次當官的機會，現在想來選擇不入官場一點也不可惜，因為我更嚮往自由，只想當個平凡人，無憂無慮過自己的生活，做自己喜歡的事。」

有機會為官而不為之，只想做事不想做官，對於謝孟雄這樣出身的人而言更加可貴，也或許是因為他從小就被父親和孫運璿、李國鼎這些有權不貪、真正為國的典範身教所深深影響。

這樣的身教同樣傳承到謝孟雄的四個女兒身上。他對女兒們的形容是「低調家教好」，女兒們個個踏實做事守本分，從不張揚出身，不讓人另眼看待，不招妒，甚至不讓人家知道她們是謝孟雄的女兒。這次謝孟雄出書，是因為女兒們建議：「可以把爸爸精采的人生經歷記錄下來，分享珍貴的人生智慧給年輕人學習參考。」他雙眉上揚微笑認同：「我想想好像也是。」

謝孟雄自認退休後的生活頗為愉快，唯一的遺憾是太太羅患失智症，沒辦法跟他一起出國旅行、四處走走。於是他也慢慢放下最愛的旅行，大多數時間專注陪伴在家人身邊。

「太太現在認不得我了，讓我有說不出的悲傷。我整個人很落魄、頓失依靠，我現在能為她做的就是照顧她的營養和健康，經常走到她身邊跟她說說話。我對家人們總歸一個字，就是『愛』。我現在的生活舒適方便，人生不需要名利雙收到什麼地步，現在這樣對我來說，已經是幸福美滿足夠了。」

謝孟雄是悉心照顧太太的好丈夫，也是父代母職的好爸爸，這是超越世俗名利、最好的職位。人生活得如此精采，不虛此生。

▸ 謝孟雄退休至今將屆二十年，每天都還是勤勤懇懇地到校辦公。

謝孟雄著作

《懷孕與育嬰》一九八〇年
《婚姻與健康》一九八二年
《婦女衛生保健》一九八四年
《實踐的陽光》（論文集）一九八六年
《社會工作與醫療》一九九〇年一月
《舞：謝孟雄攝影集》一九九〇年
《天鵝湖：謝孟雄攝影集》一九九六年
《鏡頭．印象：謝孟雄奧塞藝術》二〇〇二年
《跳躍的音符》二〇〇二年十二月
《陽光的人生：謝孟雄校長榮退特刊》二〇〇五年

《2006中歐管樂節》二〇〇七年
《謝東閔百歲誕辰紀念集》二〇〇七年十月
《魅影：謝孟雄探戈攝影特輯》二〇〇八年一月
《探戈：謝孟雄攝影集》二〇〇八年九月
《探戈與藍調的節奏》二〇一〇年四月
《探索捷克波希米亞》二〇一一年十月
《夢幻西班牙》二〇一四年十月
《光與影：謝孟雄回顧展》二〇一四年十月
《光與影：謝孟雄回顧展 采錄》二〇一五年五月
《心的壯遊：從捷克波希米亞，觸動不一樣的人文風情》二〇一六年六月
《日本當代建築之旅》二〇一六年十月
《奧匈帝國風華》二〇一七年十月

後記

▸ 謝孟雄與他的四個寶貝女兒。最上方是老大文宜，左中為老三文心，右中為老四文珊，左下為老二文安。

最可愛的爸爸

大女兒　謝文宜

我的爸爸是一個博學多聞、才華洋溢，相當有自信且充滿魅力的人，這些特質我想認識他的人多少都體會得到，從本書裡的小故事中也充分展現出來。所以我想從身為他大女兒的角度，來介紹一下較少人看到面向。

首先我想說的是他的赤子之心。講到這個部分，我腦中立刻浮現幾個有趣的回憶，第一個是他很淘氣的部分。雖然他非常愛媽媽，但也很愛逗媽媽生氣。例如他會說一些媽媽聽了會不高興的話，然後等媽媽真的生氣了，就再努力把媽媽逗笑，讓媽媽拿他一點辦法也沒有。每次我看到他又說了肯定惹媽媽不高興的話，我會對他說：「你不要哪壺不開提哪壺。」然後他就覺得這句話很好玩，每次都想拿來說卻每次都說錯，反而把大家搞得哄堂大笑！其實我後來才發現這可能是他和媽媽之間玩的一種遊戲，他才會樂此不疲，而媽媽也會適時配合。

他有很像孩子的那一面，那個時候就會變成我們最棒的大哥哥。我們小時候很想養狗，但媽媽都不願意，有一次他趁媽媽到國外出差，偷偷帶著我和妹妹去狗園看狗，看上一隻長得就像當年《靈犬萊西》影片中的那隻牧羊犬，便將狗狗帶回家了。媽媽回來看到家中出現那麼一隻大狗，也拿我們沒辦法，幸好狗狗 Kelly 很乖很溫馴，終於獲得媽媽的喜愛。

另一個就是他有時候會像青少年一般喜愛比賽，而且一定要贏。他當校長的時候會跟體育老師比打球、跟救生員比游泳、跟籃球選手比鬥牛，如果比輸了就還要繼續挑戰，直到有一天他贏了才甘心。最好笑的就是，當他才兩、三歲的小外孫找他玩踢足球，他完全沒有要讓的意思，而且還一直說「阿公贏了！」「阿公又贏了！」讓小外孫有些氣餒，最後只好跟這個好勝的阿公說：「等我長大了再來跟你比！」媽媽在旁邊沒好氣地說：「你怎麼不讓孩子贏

▸ 童心未泯的謝孟雄，會擺出調皮的姿勢與女兒合影。

一下？」他有點不好意思地回答：「我不喜歡輸啊！」

爸爸的另一個身分是家庭煮夫。他從小受祖母的影響，很能無中生有煮出各種好吃的菜餚，尤其蒸魚真的是他的拿手好菜，導致我去外面餐廳很少點蒸魚，因為都沒有爸爸做得好。現在媽媽已失智十多年，還能夠享受到的就只有味覺，所以爸爸幾乎每天都會下廚煮好吃的給媽媽吃，我們也跟著享受。爸爸常會說媽媽是 number one，我們只能當 number two，但他也會因為我們說過喜歡吃什麼就特別煮給我們吃，寫到這裡還感受得到剛滿九十歲的老爸煮的美味炒年糕。

以前媽媽沒有失智時曾跟我說：「你們看爸比在廚房裡面煮菜，我們做妻子跟做女兒的卻坐在這裡等著吃，這樣好像很不好意思。」但爸爸很以煮菜給我們吃為樂，所以我都笑稱我和妹妹們是「爸寶」，即使到現在我已年過六十，還能坐在餐桌前等著吃爸爸親手做的菜，真是太幸福。

爸爸讓我最感動的是媽媽失智後，他對媽媽無微不至的照顧與疼愛。除了

▸ 年過九十的謝孟雄，身體還很硬朗，精神也好。

煮好吃的給她吃，每次晚餐結束後都要請看護將媽媽的輪椅推到他身邊。他會牽著媽媽的手親吻，撫摸著她的頭髮和臉頰，不斷稱讚她多美多好，說自己有多愛她，問她知不知道，有時還會轉過頭來問我們：「你們覺得媽咪感覺得到我愛她嗎？」他的心情會隨著媽媽的狀況起伏，媽媽難得的一個微笑就會讓他開心許久，媽媽身體不適或感覺又退化，也會令他心情整個下沉。

其實爸爸很依賴媽媽，當媽媽失智到無法再記得或回應他，且因為需要特別照顧而變成與看護睡在另一個房間時，他甚至一度陷入憂鬱的狀態。他說自己一個人在他們的床上睡覺時，都還是會在睡前喃喃自語地跟媽媽說話，跟她說愛她，這已是多年的習慣，無法改變。有時候我會看著愈來愈衰老的爸爸和媽媽，想著他們這一輩子對對方的愛，或許他們都為了彼此努力撐著，因為誰也少不了誰。

我真的非常感恩上天賜給了我這對父母，從他們身上我學到此生最重要的功課，就是愛！謝謝爸比和媽咪，我很高興成為你們的女兒。

▸ 看到大女兒文宜的白頭髮，謝孟雄忍不住動手幫忙染黑。

讓女兒們見證愛情的爸爸

二女兒　謝文安

媽媽曾經告訴過我們一個故事，當年爸爸求婚的時候，她非常有智慧地和爸爸提了兩個要求，得到爸爸的首肯後才點頭答應婚事。第一是她不善於做家事和烹飪，希望爸爸能夠體諒；第二是希望爸爸不要責罵，或是提高嗓門跟她講話。

夫妻之間難免會有爭執和不愉快，媽媽希望能夠用理性的方式溝通。爸爸當場答應了，而且結婚以來六十年如一日，一直信守對媽媽當年的承諾。善於烹飪的爸爸常常會在廚房中做菜，研究各種有創意的美味佳餚，從來沒讓媽媽下過廚。從小到大沒見過溫文儒雅的爸爸大聲說話，更遑論是用斥責的方式，對媽媽和女兒們都是一樣的尊重。如此的身教言教，讓孩子們都非常佩服。有過親密關係的人，相信都深知這兩項要求的困難度超高，更何況是要維持一輩子呢？

一般傳統的華人夫妻，在生兒育女後凡事都會轉變成以子女為主，但爸爸卻是永遠把媽媽放在第一位，媽媽永遠就是他心中最重要的人！記得幾年前有一次春節，我和妹妹文心回台灣過年，爸爸很開心想帶家人到台東的民宿度假，但當時初期失智的媽媽害怕到不熟悉的地方，早上臨時改變主意不願意出門，一向尊重媽媽的爸爸就沒有勉強她同行。

一路上爸爸完全沒有心思欣賞美景，遺憾滿滿寫在臉上。在休息處一下車馬上就和媽媽視訊，就擔心她改變心意後悔，一個人在家會孤單寂寞。我看了覺得感動之外也很心疼，馬上跟爸爸說：「媽咪雖然沒有來，可是有我們兩個女兒陪伴啊！」想不到爸爸嘆了一口氣，落寞地說：「可是你們四個女兒加起來，也比不上媽咪一個人。」可見媽媽在他的心中有多麼重要。

▸ 親眼見證爸媽的愛情，二女兒文安既感動又欣慰。

爸爸是個浪漫活潑又洋派的人，從來不會害羞表達自己對媽媽的愛意和稱讚。媽媽卻完全相反，是非常傳統又含蓄的人，但她過去常常講一句話，讓女兒們印象深刻。她會私下和我們說：「爸比對我非常好，這世界上再也找不到比他對我更好的人了！」每當講這句話時，她的臉上總是有著害羞又幸福洋溢的表情。媽媽後來失智嚴重而失去了語言能力，當我轉述這句話給爸爸聽時，看得出來他感受到很大的安慰，因為爸爸無條件的愛和付出，媽媽都深刻地感受到。

媽媽失智已經長達十多年，看到爸爸在她生病之後無微不至的照顧，對她的愛和疼惜更是有增無減。有時候我心裡默默在想，說不定這十多年來是媽媽最幸福的歲月，因為爸爸把所有的時間和精力都放在她一個人身上。他們夫妻兩年前剛剛慶祝鑽石婚，不離不棄禁得起時間的考驗，對彼此的承諾和付出就如同鑽石一樣，燦爛奪目又閃閃發光。感謝親愛的爸爸讓我此生見證到，世上真的有永恆愛情的存在！

▸ 不管多少年過去，謝孟雄永遠都把妻女當成寶貝一樣疼愛。

在此也感謝父母的養育之恩，尤其是在求學路上完全不給我們壓力，讓女兒們各自找到真正有興趣的主修和工作，這樣開明和尊重的教育在我們的年代非常罕見。最後有幾句話要特別送給爸爸：您真的是一個好兒子、好丈夫和好父親。很少有人能夠把每一個角色都扮演得這麼好、這麼認真，又這麼稱職，爸爸實在是很了不起，也是我們的榜樣。真心覺得這輩子最幸福的事，就是有一對非常相愛的父母，而且好感恩可以當您們的女兒！

我那風度翩翩、有如西方紳士的瀟灑爸爸

三女兒　謝文心

我的爸爸傳承了祖母的藝術天分，他精通醫術造福很多病人，對歷史、人文、藝術的熱愛，還有對任何新知識的好奇，讓他從來沒有停止學習過。即使後來年紀大了、眼睛不好，也阻擋不了他閱讀的習慣。戴老花眼鏡不方便，那就拿放大鏡看。用攝影和旅遊去閱歷世界，是他的最愛。爸爸是一個可以和任何人聊天的活寶典，他個性活潑、開朗、幽默，性子一來，嗓門拉開馬上就可以開唱，他的風趣經常逗得在座的人哈哈大笑，和年輕人更是沒有距離。他的宏觀眼界和品味，真實地反映在他自身和他的成就。

其實懂事後我特別感動，相信我們每個人，身邊或多或少都遇過那種對外人比對自己家人好的人。或許連我們自己都常犯這毛病，對外面的人特別耐

煩，卻對自己家人或另一半，多有忽略或少一份耐心。爸爸不是，有時候也許工作需要，對外人他會要求比較嚴格，但是在家裡，對媽媽和我們就只有寵溺，永遠風度翩翩，即便偶爾不認同我們的想法，也從不強硬否定阻止，永遠有溝通和討論的空間。爸爸也從不給我們四姐妹壓力，非常尊重我們的喜好，以及想要追尋的讀書與工作方向。

爸爸浪漫熱情，還是個由裡到外的紳士，讓我們在充滿愛和安全感的環境長大，一家人時常擁抱、表達自己很愛對方，這樣的風氣是爸爸開始的。那個年代的東方男性，多半比較拘謹不善表達，但爸爸洋派瀟灑，大器大方還很感性。一般男性不好意思直接表達情感，但在家中最常發生的場景，就是爸爸對著我們讚嘆：「媽媽怎麼這麼美麗，這麼可愛，這麼有氣質！」媽媽即使年紀大了，望著爸爸的眼神，也依然充滿仰慕。近年媽媽罹患失智症後無法表達，但爸爸最愛握著她的手和她說話，半夜去媽媽有看護陪著的房間看望她，確認她棉被是否蓋好，並在媽媽額頭上深情一吻。

▸ 血濃於水，三女兒文心是長得最像謝孟雄的孩子。

爸爸是寵妻魔人，在外面吃自助餐，他一定親自為媽媽拿一盤她喜歡的菜，還要擺盤漂漂亮亮，並驕傲地說：「媽咪喜歡吃什麼只有我最知道。」如果是服務生送上的菜，他一定馬上檢查一遍，若看到有媽媽不敢或不喜歡吃的東西，一定立刻替她夾起來，也會幫她把食物切成小塊方便她食用，這些舉動不只一次感動到上菜的服務生。說到媽媽在外用餐遇到不敢或不喜歡吃的食物，她擔心怕不禮貌，會偷偷挑出用紙巾藏起，這些小動作爸爸其實再熟悉不過，他從來不說什麼，就是微笑看著她。爸爸寵妻，媽媽任何小動作在他眼裡都只有「可愛」兩字。他近幾年更是時常對我們說，媽咪沒有任何事情會讓他生氣。他對媽媽的呵護隨處表現在生活裡，地震來了大家都躲到桌子下，他第一個去抱住媽媽的頭部，深怕她被東西砸到。我們推著媽媽的輪椅進入狹小的電梯空間，大家手裡同時大包小包，他會叮嚀要我們小心東西不要撞到媽媽。

爸爸的想法很現代開放，從小給我們非常自由民主的空間，教導我們要做一個能獨立自主的女性。他從不會催婚，或認為女孩子的歸宿就一定是結婚生小孩，時常說遇到對的人，婚姻很幸福很好，但萬一遇到不對的人，還不如不要結婚。因為他看過太多婚姻不幸，甚至還離不了婚的女性，下場非常悲慘。或許我們都是女兒，對他來說無法照顧我們一輩子，卻又想保護我們，所以希望我們一定要能夠成為獨立不需依靠任何人的女性，能把幸福掌握在自己手裡，能有尊嚴不受任何牽制地活著，他才會放心。

我長得像爸爸，沒事喜歡鬧爸爸說，我被他摻水最嚴重，得到媽媽的部分不多，但其實自己也驚訝遺傳這件事。我和爸爸一樣愛搞笑，一樣愛下廚，喜歡一起沖咖啡、泡茶，一起品威士忌。每次回台，最享受的就是和爸爸一起泡茶，聊生活的所有事。我們姐妹們和自己另一半的趣事或抱怨都可以和爸爸分享，他喜歡聽我們的故事，我們也愛一起開老爸的玩笑，糗糗他、逗他開心。

自由和愛真的是爸爸給我們最棒的禮物，我們受用無窮，這是爸爸對我們寵溺的最高境界。我想我上輩子應該做了不少好事，這輩子才能這麼幸運，當爸爸的女兒。期待自己能長長久久地和爸爸一起繼續喝茶聊是非！

▸ 與爸爸一起泡茶聊天，是文心最大的樂趣。

爸爸的幽默、氣度與愛

四女兒　謝文珊

感謝作者李宜蓁於本書詳實記錄了爸爸在生命各階段的生命智慧，我再補充我對爸爸最欣賞的三項優點與讀者分享。

其一是爸爸的幽默。二〇二二年八月二十一日晚上，爸爸在家中拿取位於櫥櫃高處的物品時，意外摔傷流血，我和看護急忙半夜帶他去醫院急診科醫治。經醫生檢查，幸而腦部和頭部都未受損。醫生幫爸爸縫合傷口時，在診療室外等待的我依舊難以平復驚惶的情緒，是爸爸和醫生聊天的聲音讓我漸漸放鬆下來。爸爸關心醫生的待遇和急診科的上班情況，聽到醫生是北醫畢業校友時，爸爸還開心地提起自己擔任北醫校長時的貢獻。爸爸頭部和耳部共縫了十幾針，我看了心疼不已。爸爸卻神色自若，要我拍下他頭部和耳部綁上繃帶的

▶ 四女兒文珊是謝孟雄最小的孩子，有乃父之風，在醫療人文領域發光發熱。

樣子，還微笑著說：「我這樣是不是很像梵谷耳朵綁了繃帶的那張自畫像？」我缺乏幽默感，遇突發事件容易緊張焦慮，爸爸如此幽默，面對困境能夠苦中自得，令我佩服。我想是爸爸對藝術的喜愛，使他在病痛中，也能有所聯想與寄託，減緩了身體的痛苦。

其二是爸爸的氣度。媽媽常說爸爸最大的優點，是接受他人優秀的氣度。爸爸從不嫉妒別人，他總是欣賞別人。爸爸認為欣賞別人，跟別人學習，自己才會進步。嫉妒只是讓自己心情沮喪，無法成長，沒有任何好處。二〇二二年為製作慶祝爸媽鑽石婚的影片，我在整理他們各階段的合照時，爸爸特別提醒我，要放入一張他親自為媽媽拍攝，媽媽任文建會主委時期赴法國巴黎開會簽約的獨照，照片沒他不要緊。

爸爸對自己有自信，因此他對媽媽事業方面的成功，全心欣賞支持，不會嫉妒。感謝爸爸的身教，我也時時提醒自己，要欣賞學習他人的優點，不要嫉妒。爸爸很有學習精神，喜歡歷史人文也關心時事。他喜歡以開明的態度，和

▸ 林澄枝於 1998 年任文建會主委，赴巴黎簽訂中法文化獎協議。照片為謝孟雄親手拍攝。

不同領域或不同文化語言背景的人交流。受到他的影響，我一直保持對閱讀的興趣，對世界的好奇，對多元文化的尊重。醫療人文跨領域研究是我近年的研究方向，研讀文獻時我常請教爸爸一些醫療方面的知識和經驗。父女一起閱讀和討論的時刻，是我記憶中的亮點。

其三是爸爸對媽媽的愛。爸爸曾擔任多種職位，自媽媽二〇一二年罹患失智症以來，他一直是悉心照顧媽媽的好丈夫，也是父代母職的好爸爸。這是超越世俗名利，人生最可貴的職位。爸爸常看著媽媽對我們說：「媽咪怎麼這麼可愛美麗？我真的愈來愈愛她。」爸爸對媽媽隨著歲月加深的愛，使我想起愛爾蘭詩人葉慈（William Butler Yeats）的情詩，〈當你年老〉（When You Are Old）中的境界：「多少人愛你愉悅丰采的時光，愛你的美，以或真或假之情。只有一個人愛你朝聖者的心靈，愛你變化的容顏裡蘊藏的憂傷。」是的，在一個人青春美麗健康的時候愛她，並不稀有。稀有的是，在一個人憂傷病痛的老年，對她不離不棄，悉心照顧。我曾以為，這樣「執子之手，與子偕老」的愛只存在於詩中，但我在爸爸對媽媽的照護中看見了。

▸ 與爸爸共同閱讀、討論，並分享自己的研究出版，是文珊珍貴的親情記憶。

爸爸，您常感傷媽媽失智，不知她是否還認得您。我想告訴您，她可能忘了您的名字，但她一定能感受您對她的愛。一個人對愛的感受，比她記得什麼更重要。您們晚年相互扶持的愛使我體會到，名利、地位或外貌都是短暫的，在照顧中實踐的愛才是最珍貴的。感謝爸媽源源不絕的愛，雖然在求學、戀愛及工作各方面受了挫折，我還是不會失去對自己的信心，對他人的善意，以及對志趣的追求。

您常感傷媽媽無法再陪您一起旅行、看電影。我想說，唯有您好好享受生活，媽媽才能放心。她最大的心願就是您過得快樂。我希望這本書的籌備和出版能帶給您快樂。

附錄

謝孟雄重要年表

- 一九三四年十月十二日　出生於廣州
- 一九四五年　來台
- 一九五二年　建中畢業，考上國防醫學院
- 一九五五年　國防醫學院大三休學
- 一九五六年　插班高雄醫學院大三
- 一九五九年　林澄枝入實踐家專就讀
- 一九六一年　省立台北婦產科醫院開始住院醫師訓練
- 一九六二年　與林澄枝結婚
- 一九六三年　大女兒謝文宜出生
- 一九六四年　升總醫師，獲倫敦獎學金留學機會
- 一九六五年　與林澄枝赴美留學深造
- 一九六六年　賓夕法尼亞大學醫學研究所畢業
  任費城愛因斯坦醫學中心病理研究員、婦產科醫師
- 一九六七年　二女兒謝文安於美國出生

一九六九年　夫妻倆學成歸國

一九七二年　謝東閔擔任台灣省省主席

一九七三年　三女兒謝文心出生

一九七八年　謝東閔擔任副總統，四女兒謝文珊出生
出任台北醫學院校長

一九八三年　接任實踐校長（由前校長林澄枝交接）

一九八七年　榮獲教育部師鐸獎

一九九一年　實踐家專改制為實踐設計管理學院

一九九三年　出任監察委員

一九九五年　榮獲教育部師鐸獎

一九九六年　林澄枝任文建會主委

一九九七年　實踐設計管理學院改名為實踐大學

二〇〇〇年　林澄枝出任國民黨副主席

二〇〇一年　謝東閔過世

二〇〇四年　實踐大學東閔紀念大樓獲遠東校園建築特別獎首獎

二〇〇五年　實踐大學校長榮退

社會人文 BGB598

人生就該這麼精采

謝孟雄的55則生命智慧

國家圖書館出版品預行編目(CIP)資料

人生就該這麼精采：謝孟雄的55則生命智慧／謝孟雄口述；李宜蓁採訪撰稿. -- 第一版. -- 臺北市：遠見天下文化出版股份有限公司, 2024.12
256面；14.8×21公分. --（社會人文；BGB598）
ISBN 978-626-417-101-4（精裝）

1. CST：謝孟雄　2. CST：傳記

783.3886　　113018830

口述 — 謝孟雄
採訪撰稿 — 李宜蓁

副社長兼總編輯 — 吳佩穎
社文館副總編輯 — 郭昕詠
責任編輯 — 郭昕詠、楊逸竹
校對 — 謝孟雄、謝文宜、謝文心、謝文安、謝文珊、魏秋綢
封面設計 — 張議文
封面攝影 — 葉立誠
內頁設計及排版 — 連紫吟、曹任華

出版者 — 遠見天下文化出版股份有限公司
創辦人 — 高希均、王力行
遠見．天下文化事業群榮譽董事長 — 高希均
遠見．天下文化事業群董事長 — 王力行
天下文化社長 — 王力行
天下文化總經理 — 鄧瑋羚
國際事務開發部兼版權中心總監 — 潘欣
法律顧問 — 理律法律事務所　陳長文律師
著作權顧問 — 魏啟翔律師
社址 — 台北市104松江路93巷1號

讀者服務專線 — (02)2662-0012 ｜ 傳真 — (02)2662-0007；(02)2662-0009
電子郵件信箱 — cwpc@cwgv.com.tw
直接郵撥帳號 — 1326703-6號　遠見天下文化出版股份有限公司

製版廠 — 中原造像股份有限公司
印刷廠 — 中原造像股份有限公司
裝訂廠 — 中原造像股份有限公司
登記證 — 局版台業字第2517號
總經銷 — 大和書報圖書股份有限公司 ｜ 電話 — (02)8990-2588
出版日期 — 2024年12月30日第一版第1次印行

定價 — NT$550
ISBN — 978-626-417-101-4
EISBN — 978-626-417-100-7 (EPUB)；978-626-417-099-4 (PDF)
書號 — BGB598
天下文化官網 — bookzone.cwgv.com.tw

天下文化
BELIEVE IN READING